"十四五"时期国家重点出版物出版专项规划项目

★ 转型时代的中国财经战略论丛 ◢

基金项目：山东省自然科学基金资助项目"制造业数字化对国内生产网络关联的影响研究"（ZR2023QG051）；山东省高等学校"青创科技支持计划"资助项目"'一带一路'经贸合作创新团队"（2021RW019）；山东省高等学校"青创人才引育计划"资助项目"数字经济与国际分工重构研究创新团队"；山东省社科理论重点研究基地对外开放与自贸区建设研究基地（山东财经大学）成果。

数字贸易壁垒
与全球价值链分工

Digital Trade Barrier and Global Value Chain Division

赵晓斐 著

中国财经出版传媒集团

经济科学出版社
Economic Science Press
·北京·

图书在版编目（CIP）数据

数字贸易壁垒与全球价值链分工/赵晓斐著 . -- 北京：经济科学出版社，2024. 2
（转型时代的中国财经战略论丛）
ISBN 978 - 7 - 5218 - 5474 - 9

Ⅰ.①数…　Ⅱ.①赵…　Ⅲ.①国际贸易政策 – 影响 –国际分工 – 研究　Ⅳ.①F741②F114.1

中国国家版本馆 CIP 数据核字（2024）第 004652 号

责任编辑：冯　蓉
责任校对：易　超
责任印制：范　艳

数字贸易壁垒与全球价值链分工
赵晓斐　著
经济科学出版社出版、发行　新华书店经销
社址：北京市海淀区阜成路甲 28 号　邮编：100142
总编部电话：010 - 88191217　发行部电话：010 - 88191522
网址：www. esp. com. cn
电子邮箱：esp@ esp. com. cn
天猫网店：经济科学出版社旗舰店
网址：http://jjkxcbs. tmall. com
北京季蜂印刷有限公司印装
710 × 1000　16 开　10. 25 印张　163000 字
2024 年 2 月第 1 版　2024 年 2 月第 1 次印刷
ISBN 978 - 7 - 5218 - 5474 - 9　定价：42. 00 元
（图书出现印装问题，本社负责调换。电话：010 - 88191545）
（版权所有　侵权必究　打击盗版　举报热线：010 - 88191661
QQ：2242791300　营销中心电话：010 - 88191537
电子邮箱：dbts@ esp. com. cn）

总　序

转型时代的中国财经战略论丛

　　"转型时代的中国财经战略论丛"是山东财经大学与经济科学出版社在合作推出"十三五"系列学术著作基础上继续在"十四五"期间深化合作推出的系列学术著作，属于"'十四五'时期国家重点出版物出版专项规划项目"。自2016年起，山东财经大学就开始资助该系列学术著作的出版，至今已走过7个春秋，其间共资助出版了152部学术著作。这些著作的选题绝大部分隶属于经济学和管理学范畴，同时也涉及法学、艺术学、文学、教育学和理学等领域，有力地推动了我校经济学、管理学和其他学科门类的发展，促进了我校科学研究事业的进一步繁荣发展。

　　山东财经大学是财政部、教育部和山东省人民政府共同建设的高校，2011年由原山东经济学院和原山东财政学院合并筹建，2012年正式揭牌成立。学校现有专任教师1730人，其中教授378人、副教授692人，具有博士学位的有1034人。入选国家级人才项目（工程）16人，全国五一劳动奖章获得者1人，入选"泰山学者"工程等省级人才项目（工程）67人，入选教育部教学指导委员会委员8人，全国优秀教师16人，省级教学名师20人。近年来，学校紧紧围绕建设全国一流财经特色名校的战略目标，以稳规模、优结构、提质量、强特色为主线，不断深化改革创新，整体学科实力跻身全国财经高校前列，经管类学科竞争力居省属高校首位。学校现拥有一级学科博士点4个，一级学科硕士点11个，硕士专业学位类别20个，博士后科研流动站1个。应用经济学、工商管理和管理科学与工程3个学科入选山东省高水平学科建设名单，其中，应用经济学为"高峰学科"建设学科。应用经济学进入软科"中国最好学科"排名前10%，工程学和计算机科学进入 ESI 全球排名前 1%。2022 年软科中国大学专业排名，A 以上专业数 18 个，位居省属高校第 2 位，全国财经类高校第 9 位，是山东省唯一所有专业全部上榜的高校。2023 年软科世界大学学科排名，我校首次进入世界前 1000 名，位列 910 名，中国第 175 名，财经类高校第 4 名。

2016 年以来，学校聚焦内涵式发展，全面实施了科研强校战略，取得了可喜成绩。仅以最近三年为例，学校承担省部级以上科研课题 502 项，其中国家社会科学基金重大项目 3 项、年度项目 74 项；获国家级、省部级科研奖励 83 项，1 项成果入选《国家哲学社会科学成果文库》；被 CSSCI、SCI、SSCI 和 EI 等索引收录论文 1449 篇。同时，新增了山东省重点实验室、山东省重点新转智库、山东省社科理论重点研究基地、山东省协同创新中心、山东省工程技术研究中心、山东省两化融合促进中心等科研平台。学校的发展为教师从事科学研究提供了广阔的平台，创造了更加良好的学术生态。

"十四五"时期是我国由全面建成小康社会向基本实现社会主义现代化迈进的关键时期，也是我校合并建校以来第二个十年的跃升发展期。2022 年党的二十大的胜利召开为学校高质量发展指明了新的方向，建校 70 周年暨合并建校 10 周年校庆也为学校内涵式发展注入了新的活力。作为"十四五"时期国家重点出版物出版专项规划项目，"转型时代的中国财经战略论丛"将继续坚持以马克思列宁主义、毛泽东思想、邓小平理论、"三个代表"重要思想、科学发展观、习近平新时代中国特色社会主义思想为指导，结合《中共中央关于制定国民经济和社会发展第十四个五年规划和二〇三五年远景目标的建议》以及党的二十大精神，将国家"十四五"时期重大财经战略作为重点选题，积极开展基础研究和应用研究。

"十四五"时期的"转型时代的中国财经战略论丛"将进一步体现鲜明的时代特征、问题导向和创新意识，着力推出反映我校学术前沿水平、体现相关领域高水准的创新性成果，更好地服务我校一流学科和高水平大学建设，展现我校财经特色名校工程建设成效。我们也希望通过向广大教师提供进一步的出版资助，鼓励我校广大教师潜心治学，扎实研究，在基础研究上密切跟踪国内外学术发展和学科建设的前沿与动态，着力推进中国特色哲学社会科学学科体系、学术体系和话语体系建设与创新；在应用研究上立足党和国家事业发展需要，聚焦经济社会发展中的全局性、战略性和前瞻性的重大理论与实践问题，力求提出一些具有现实性、针对性和较强参考价值的思路和对策。

山东财经大学党委书记　王邵军

2023 年 8 月 16 日

前　言

当前，世界经济正处在新旧动能的转换期。互联网技术创新和数字技术创新不断涌现，数字贸易成为当前经济结构转型的典型特征，同时也是各国参与全球价值链分工的新动力。目前，全球数字贸易规模持续扩大，但数字贸易规则方面仍存在诸多限制。数字贸易关税壁垒和跨境数据流限制、知识产权侵权、个人信息保护等数字贸易非关税壁垒的存在势必会对全球价值链分工体系造成冲击。本书研究数字贸易壁垒对全球价值链分工的影响效应。

如今，数字经济发展的典型特征是：国家层面，发达国家在数字经济发展方面领跑发展中国家，但发展中国家发展潜力较大；行业层面，数字经济行业渗透率差异化；企业层面，美国和中国拥有着全球绝大多数的互联网巨头企业，主导着数字贸易的发展方向。数字贸易壁垒方面，世界贸易组织（WTO）下的电子传输免征关税提案在实践中具有不稳定性；跨境数据流动限制、知识产权侵权、个人信息保护等非关税壁垒仍然限制着数字贸易的发展。数字贸易规则构建方面，美国和欧盟作为数字贸易的主导者，为维护其在数字贸易市场上的核心利益，已构建了著名的"美式模板"和"欧式模板"，中国在数字贸易规则的制定上虽然较为缺乏经验，但目前已做出了初步尝试。全球价值链分工方面，全球价值链分工进程放缓，全球生产分工呈现出"多极化"趋势和"区域链"特征。

本书以朗等（Long et al.，2004）的研究为基础，构建了数字贸易壁垒与全球价值链分工的理论模型，比较分析了四种情形，分别是封闭经济、商品可自由贸易情形、商品和数字服务均可自由贸易情形、存在数字贸易壁垒情形，得到了本书的核心命题：数字贸易壁垒的存在阻碍了全球价值链分工；数字贸易壁垒对发展中国家全球价值链分工的阻碍作用一般大于发达国家；制造业投入服务化水平越高，数字贸易壁垒对该行业全球价值链分工的阻碍作用越大。

在构建理论模型的基础上，本书运用最新发布的经济合作发展组织（OECD）数据库数字贸易壁垒指标和亚洲开发银行（ADB）2018 年版投入产出数据构建的全球价值链分工指标，计量分析数字贸易壁垒对全球价值链分工的影响效应，结果表明数字贸易壁垒阻碍了全球价值链分工。然后分别使用数字贸易壁垒异质性指数、数字贸易壁垒子指标、王等（Wang et al.，2017b）计算的前向和后向全球价值链参与指标作为数字贸易壁垒和全球价值链分工的替代性指标进行了指标度量的稳健性检验；为解决内生性问题使用双边数字贸易壁垒首期、滞后期、本国—伙伴国维度、差分形式、数字贸易壁垒工具变量进行了计量方法的稳健性检验，结果显示数字贸易壁垒的系数显著为负，进一步证实了本书估计结果的稳健性。

在基准回归的基础上，本书研究了数字贸易壁垒阻碍全球价值链分工的传导机制，发现数字贸易壁垒主要通过减少外商直接投资（FDI）、降低研发投入和增加贸易成本削弱全球价值链分工水平。然后基于国家异质性、行业异质性、价值链长度和位置对数字贸易壁垒和全球价值链分工进行了拓展分析。研究结果发现，国家异质性方面，数字贸易壁垒对发展中国家全球价值链分工的阻碍作用更大，对发达国家全球价值链分工的阻碍作用较小；数字贸易壁垒对小国间价值链分工的阻碍效应最大，其次是大国对小国、大国之间，最后是小国对大国的价值链分工；数字贸易壁垒对制度距离远的国家间的价值链分工的阻碍作用更大，对制度距离近的国家间的价值链分工的阻碍作用较小。行业异质性方面，数字贸易壁垒对服务业全球价值链分工的阻碍作用最大，其次是工业，对农业全球价值链分工的阻碍作用最小；制造业投入服务化水平越高，数字贸易壁垒对全球价值链分工的阻碍作用越大；行业数字化水平越高，数字贸易壁垒对全球价值链分工水平的阻碍作用越大。价值链长度和位置方面，数字贸易壁垒缩短了全球价值链分工中的生产步长和跨境次数，延长了产业间的平均传递步长，提高了全球价值链的位置，提升了行业的上游度，降低了行业的下游度。

本书的研究对协同促进中国数字贸易发展与改革，提升中国在数字贸易规则体系中的制度性话语权，指导中国各行业、企业更有效地参与全球生产分工具有重要的政策意义：第一，建立健全数字贸易法律法规，为数字贸易发展提供法律保障；第二，完善数字贸易关税体系，协调好税收与数字贸易发展的关系；第三，合理规划数字贸易非关税壁垒体系，重视跨境数据流动、知识产权保护和个人信息保护规则的构建；第四，积极推动数字技术发展创新，提高知识型生产要素投入，促进全球价值链升级；第五，继续促进数字技术与传统产业的融合，打通上下游产业链，推动传统产业优化升级；第六，加强国家之间的谈判与合作；第七，提高中国在国际数字贸易规则制定中的话语权，推动全球建立平等、友好、高端、包容、普惠的国际数字贸易新规则。

目　录

第1章 导论：研究缘起与概念界定

1.1 研究缘起

1.1.1 世界进入新的动荡变革期，全球价值链分工明显放缓

近年来，逆全球化思潮抬头，单边主义、保护主义明显上升，世界经济复苏乏力，局部冲突和动荡频发，全球性问题加剧，世界进入新的动荡变革期。WTO 数据显示，全球生产分工主导下的全球贸易 2012 年以后连续低于 GDP 增长，2020 年全球贸易更是下跌 9.6%，成为自第二次世界大战以来的最严重衰退。中间品贸易情况也不容乐观，2011 年以后，全球中间品贸易增速放缓，2007～2017 年，全球中间品贸易下降了 5.1 个百分点，2019 年的美国关税战重创全球产业链贸易，全球中间品贸易当年大跌 7%。根据 WIOD 2016 版数据计算的价值链长度，金融危机前 2000～2007 年价值链长度延伸了 14 个百分点，但 2008 年金融危机后，价值链长度延伸趋势明显放缓甚至停滞，"逆全球化"潮流涌动，全球价值链分工放缓已是不争的事实。中国作为全球价值链的重要节点，也遭遇了较为严重的逆向冲击。

1.1.2 数字贸易成为当前经济结构转型的典型特征，但数字贸易方面仍存在诸多限制

2007 年，以货物和服务为主的全球价值流动达到了创纪录的 30 万

亿美元之后，随之而来的是传统贸易的衰落和经济增长的放缓，但与此同时基于大数据、物联网、云计算与人工智能等新兴数字技术手段和互联网技术手段的数字贸易兴起。根据麦肯锡全球研究中心的 *Digital Globalization—A New Era of Global Flows* 报告显示，2005 年全球数据流量为 4.7TB 每秒，但到 2014 年已经增长到了 211.3TB 每秒，增长近 45 倍，远超过传统贸易和金融资本的增长速度。数字经济已是大势所趋，成为世界经济复苏和发展的新动力。目前，数字经济已成为各国国民经济的重要组成部分，中国信通院数据显示，2021 年，德国、英国、美国数字经济占 GDP 比重均超过 65%，中国数字经济规模也由 2005 年的 2.6 万亿元扩张到 2022 年的 50.2 万亿元。数字技术的行业渗透改变了货物贸易和服务贸易的构成，联合国贸发会议数据显示，2020 年全球可数字化服务贸易规模为 58904 亿美元，占比上升到 61.2%。但与数字贸易发展趋势不相适应的是，当前各国数字贸易仍存在诸多限制。

数字贸易壁垒包括关税壁垒和非关税壁垒两种，关税壁垒主要是针对数字产品的关税和配额，非关税壁垒主要包括：跨境数据流限制、本地化措施、个人信息保护、知识产权侵权、国际合规性评估、互联网审查、网络安全风险等内容。根据欧洲国际政治经济研究中心数字贸易评估数据库估算，2010～2015 年，各国数据本地化措施大大增加，6 年时间数量翻了一倍。WTO 数据显示，近年全球贸易保护明显上升，G20 成员贸易限制措施不断增加。与传统的关税壁垒相比，这些非关税壁垒往往更为隐秘和复杂，通过有意或无意的歧视性法律法规，阻碍数字产品自由流动。

1.1.3 数字贸易议题谈判分歧重重

《关贸总协定》（GATT）和《服务贸易总协定》（GATS）基本构成了现有的国际贸易规则体系，但随着数字技术的广泛应用和全球价值链的深入发展，数字贸易占比越来越大，国际贸易的本质已发生了根本性的变化。数字贸易本身具有虚拟性特征，监管难度较大，虽然《关贸总协定》（GATT）和《服务贸易总协定》（GATS）中有部分内容涉及数字贸易监管，但目前并不明确数字贸易应该适用于货物贸易规则还是服务贸易规则，传统的国际贸易规则面临挑战，国际上尚未形成一个具有全球约束力的数字贸易规则框架。因此，构建全新的数字贸易规则体系，成为当前国际贸易规则谈判的核心内容。

目前 WTO 多边框架下，数字贸易相关议题的谈判中主要存在三种立场：第一种立场以美国等发达国家为代表，主张取消跨境数据流限制，积极推动跨境数据自由流动。但在这一立场内部也存在分歧，即"美式模板"和"欧式模板"，主要体现在跨境数据自由流动和个人信息保护两方面。美国主张跨境数据自由流动，反对数字存储本地化，强调信息、数据流动自由化的重要性；但欧盟则更为看重跨境数据自由流动中的个人信息保护问题，因此对跨境数据自由流动更加审慎，欧盟内部在数字贸易规则构建中提出了一系列保护个人信息和国家安全的政策措施，提出跨境数据只有达到特定条件才可以实现自由流动，否则应尽量在境内存储，更为强调对跨境数据自由流动的有效监管。第二种立场以中国等发展中国家以及欠发达国家为代表，这些国家因在数字技术和数字贸易方面优势较小，因此更加主张建立以货物贸易为主的跨境电子商务规则。第三方立场以加勒比国家、非洲国家和太平洋岛国等为代表，这些国家数字技术发展水平较低，互联网并不普及，尚不具备发展数字贸易的条件，因此对有关数字贸易相关规则谈判持观望态度。

1.2　核心概念界定

1.2.1　数字产品

数字产品的定义有广义和狭义之分。狭义的数字产品是产品内容基于数字格式的交换物，该交换物可以被编码成字节，即可被数字化，并通过网络进行传播。广义的数字产品不仅包括了狭义的数字产品，还在狭义定义的基础上进行了延伸，即数字产品包括了信息内容是基于数字格式的产品，还包括依托数字技术而成的电子产品，或可以以数字形式在网络上进行传播的产品，或依托于一定的物理载体而存在的产品。本书将采用数字产品的广义定义。

1.2.2 数字贸易

截至目前，国际上并没有形成数字贸易权威和统一的定义。数字贸易起源于电子商务，世贸组织（WTO）将电子商务（electronic commerce）定义为通过电子平台和网络渠道进行产品或服务销售与交付的商务活动。由世贸组织的定义可以看出，电子商务更加强调的是电子平台，网络技术构建了产品和服务的交易渠道，是一种更为具象化的表达。2018 年 4 月，美国在向世界贸易组织提交的关于电子商务谈判的探索性文件中指出，目前电子商务的定义过于狭窄，已经不适合当今数字贸易的交易范围和发展趋势，因此美国决定采用"数字贸易"这一术语。

美国国际贸易委员会（USITC）在 2013 年的《美国与全球经济中的数字贸易》报告中明确定义了数字贸易的内涵，包括四个方面：第一是以数字形式交付的产品和服务，如电影、电视剧、游戏、音乐、电子书籍等；第二是社交网络、用户点评等社交媒体；第三是万用搜索引擎、垂直搜索引擎等搜索引擎服务；第四是软件服务、通信服务、在云端交付的计算服务和数据服务等其他数字化产品和服务。

从美国国际贸易委员会（USITC）给出的定义来看，"数字贸易"这一术语包含了 WTO 定义的电子商务的所有内涵，还提到了数字贸易的辅助手段以及其中的数据流和信息流，辅助手段主要是网络平台、软件应用及其相关的设备设施，数字贸易的交易客体既包括货物也包括服务。综上所述，数字贸易不仅包括互联网渠道中交易的最终产品和服务、实现智能制造的服务以及其他相关的平台和应用，还包括交易中涉及的实现全球价值链分工的数据流和信息流。美国国际贸易委员会（USITC）对数字贸易的定义充分考虑到了当今数字贸易的交易范围和发展趋势，较为全面准确。本书将采取这一定义作为数字贸易的定义。

1.2.3 数字贸易壁垒

一般贸易壁垒是对进口商品或劳务进行人为限制，比如为限制商品进口数量或金额而实施的进口许可证制和进口配额制，又或者为限制商品进口而制定的法律法规或条例限制，如技术贸易壁垒、绿色贸易壁垒及歧视性的政府采购等。数字贸易的对象为互联网渠道中的产品和服务，其中数据流和信息流的作用更为突出，因此，数字贸易壁垒多是对数据与信息进行人为限制。

2014 年美国国际贸易委员会（USITC）在第二版的《美国与全球经济中的数字贸易》中定义了数字贸易壁垒的七种形式：一是本地化要求，该规则要求企业在本国进行数据的存储、管理和处理，并且使用一定数量的本地内容；二是市场准入限制，指政府限制外国企业进入本国市场；三是个人信息保护，指政府采取措施监管跨境数据流动，防止个人信息暴露，保护个人信息安全；四是知识产权侵权，指数字贸易中的知识产权、专利等侵权问题；五是不确定的法律责任，指本国因没有对数字贸易企业的法律责任进行明确规定，当侵权行为发生后，所出现的法律纠纷；六是审查措施，本国政府往往会采取审查措施来限制部分不良网络信息的查询与访问；七是海关措施，指海关方面的某些措施可能并不明确或者过于复杂。

在诸多研究的基础上，本书根据美国国际贸易委员会（USITC）的定义和数字贸易规则谈判中的主要议题，将数字贸易壁垒归纳为两类：（1）数字贸易关税壁垒，在数字贸易中，发展中国家往往是数字产品的净输入国，因此会设置较高的数字贸易关税壁垒，而作为数字产品的净输出国，发达国家主张减免数字贸易关税，因此发达国家和发展中国家在关税方面的利益诉求不同使得数字贸易关税议题谈判陷入僵局。（2）数字贸易非关税壁垒，包括跨境数据流限制，一些国家为保护本国产业发展和数据安全，会将数据本地化、设施本地化和服务本地化作为外资企业市场准入的条件，同时本地含量要求、采用本地技术标准、政府有偏好性的采购等也是常见措施；个人信息保护，跨境数据自由流动和个人信息保护之间经常存在难以调和的矛盾；知识产权侵权，其中"源代码"问题最受各国关注；其他数字贸易非关税壁垒，如文化壁垒等。

1.2.4　全球价值链

全球价值链起源于价值链研究，波特（Porter，1985）首次从微观层面提出了价值链的概念，他认为企业在设计、生产、销售和交付的整个链条中，形成了一条能够创造价值的生产链。企业作为这些活动的集合体，是这条价值链的主体，当企业在内部进行生产、设计时，属于内部价值链活动，当企业与其他生产商、销售商进行交易时，属于外部价值链活动。该理论强调的是单个企业的生产链条，价值链分工的重点在企业内部。科格特（Kogut，1985）将企业价值链扩展到区域和全球，从国际分工视角解释价值链，他认为在企业生产链条中，不同的环节上，企业的竞争优势并不相同，企业可以根据自身的竞争优势布局全球生产战略，指导企业自身的国际生产分工，该理论是垂直价值链分工理论的萌芽。在国内外学者的研究中，全球价值链还被表述为"切片化的价值链"（Krugman，1996）、"垂直专门化"（Feenstra，1998）、"垂直专业化分工"（Hummels et al.，2001）、"要素分工"（张二震和方勇，2005）等。其中，格里芬（Gereffi et al.，2001）首次提出了"全球价值链"这一术语，把价值链扩展到全球范围，产品的设计、生产、销售、售后等全部链条形成了一个跨企业、跨区域的全球化生产布局，此时很难界定最终产品的国别属性，所有参与企业根据各自的比较优势进行生产分工和利润分配。

联合国工业发展组织（UNIDO）2002 年结合诸多学者的研究成果，提出了最具代表性的全球价值链概念。本书也采用了这一定义：全球价值链是指连接产品设计、生产、销售、交付及售后等全部生产过程，包括从原材料采购、中间品生产和销售，直至最终品消费和交付的整个链条，以实现货物价值或服务价值为目的的全球性跨企业生产网络组织。所有企业参与者根据各自的生产优势进行生产增值活动，包括产品设计、中间品生产、销售、交付、消费、售后服务、循环利用等，并根据各自的分工进行价值和利润分配。从全球价值链的概念可以看出，全球价值链强调的是一种纵向维度的生产分工，主要是垂直化的生产分工，分工越细化，纵向链条越长，但在全球价值链中还存在着横向维度的专业化分工，横向维度的专业化生产分工会发展成规模经济。纵向链条和横向链条越长，全球生产网络规模越大、结构越复杂。

第2章 文献综述

　　本章对数字贸易的相关研究、全球价值链的相关研究、生产性服务投入与全球价值链的相关研究、数字贸易壁垒与全球价值链的相关研究进行了梳理，并对现有的研究进行了总结和评述。通过文献梳理发现，以往的文献对本书的研究提供了重要的理论资料，但仍存在数据不可获、指标测度不精确、研究主题单一等多种问题，本书数字贸易壁垒对全球价值链分工的影响研究在研究视角、机制分析、拓展分析上均具有重要的创新性。

2.1 数字贸易的相关研究

2.1.1 数字贸易的影响效应研究

　　国内外的诸多研究认为，数字贸易起源于数字经济，数字经济有效地利用了数字技术和信息通信技术，优化产业结构，创新产品种类，从而影响了全球贸易，即数字贸易的发展（Meltzer，2019；蓝庆新和窦凯，2019）。数字贸易极大地促进了世界经济的快速增长。

　　一方面，数字贸易的发展扩大了进出口产品的种类和范围。数字技术既改变了商品的贸易方式，也改变了商品的生产方式（López González and Jouanjean，2017）。梅尔策（Meltzer，2016）对比了数字贸易兴起前后全球小包裹交付量的变化，发现数字贸易出现之后，低价商品的贸易量增多；数字贸易之前，因为成本、费用等因素的存在使得低价商品难以参与贸易，大批量商品往往成为国际贸易的主要产品，但数字技术的出现则改变了这一现状，降低了交易成本，低价商品也开始参与到国际贸易中来。而 3D 打印的发展则实现了商品生产的数字化。越来越多的跨国公司将高科技产品如医疗假肢等产品的生产技术标准出口到第三国，第三国利用数字技术，尤其是 3D 打印技术，在本国进行生产和销售，因而也改变了这些高科技贸易产品的国别属性，实现了产品生产和贸易的数字化（Lund and Manyika，2016）。

另一方面，数字贸易降低了商品的贸易成本，提高了贸易的效率。互联网的存在使生产者和消费者可以直接进行货物和服务的交易，分销商的角色作用减弱甚至消失，因而大大降低了贸易成本，提高了贸易利润（Subirana，2000）。洛伦佐和茹昂让（López González and Jouanjean，2017）从信息不对称角度阐述数字贸易的经济效应，跨境数据的流动降低了贸易双方的信息搜寻成本和进出口过程中的交易成本，同时也降低了交易过程中的信息不对称情况，优化了资源配置，能更加有效地匹配贸易供求。数字贸易也有效地降低了运输成本，缩短了交货时间，以农产品为例，数字技术大范围应用在农产品贸易中，通过建立物流中心和线上物流系统，大大降低了农产品的运输时间和成本（Jouanjean，2019）。阿贝兰斯基和希伯特（Abeliansky and Hilbert，2017）研究了 1995～2008 年 122 个国家的贸易模式变化，发现数字技术和信息通信技术的应用，尤其是数据传输速度的加快，大大降低了国际贸易中的交易成本，从而改变了全球贸易模式。同时，大数据、物联网、云计算、人工智能等信息技术的应用也创新了贸易方式，提高了贸易效率（Meltzer，2019）。

2.1.2 数字贸易壁垒的发展研究

数字贸易在带动经济飞速发展的同时，也带来了南北发展不平衡、区域发展不平衡的问题。各国之间由于在信息化水平、互联网普及程度等方面各不相同，因此数字经济的发展对不同国家的影响是不同的，即存在"数字鸿沟"问题（Campbell，2001；王学宾和郑晓乐，2004）。同时，互联网和大数据的快速发展也带来了信息暴露、知识产权侵权等问题（顾洁和胡安安，2017；楼继伟，2016）。基于以上种种担忧，数字贸易壁垒现象愈发明显。

美国国际贸易委员会（USITC）将数字贸易壁垒归为六类：本地化要求、个人信息保护、知识产权侵权、市场准入限制、审查措施和海关措施、不确定的法律责任。根据数字贸易壁垒种类的重要性与数字贸易规则议题谈判热点，本部分仅对跨境数据流限制、知识产权侵权以及个人信息保护这三个方面的研究进行概述。

（1）跨境数据流限制。数据本地化是跨境数据流限制的一部分，在本地化要求里最具影响力。科里（Cory，2017）对跨境数据流限制的数据种类进行统计分析发现，个人信息数据、金融数据、电信数据等容易成为各国数据本地化政策的对象。数字贸易过程中充满了个人隐私数据，政府采取数据本地化的政策，一方面保护了个人信息隐私，另一方面还能保护本国企业免受国外竞争的冲击（Meltzer，2016）。而国家信息安全方面，阿泽姆和福斯特（Azmeh and Foster，2016）认为跨境数据流限制通过要求企业数据服务器设置在本地能有效维护企业信息系统安全和本国国防数据安全，防止国家安全信息泄露。但跨境数据流限制会阻碍数字贸易发展，从成本角度来说，数据本地化要求提高了数据访问和搜寻的成本，一定程度上会阻碍数字技术创新，不利于数字贸易的进一步发展（Meltzer，2019）。

（2）知识产权侵权。根据美国国际贸易委员会（USITC）在2014年的调查报告，数字信息行业中，七成以上的大企业和五成以上的中小企业均认为数字贸易中知识产权相关的法律法规并不完善，因此知识产权侵权案件频发，冲击数字贸易的发展。梅尔策（Meltzer，2016）认为在数字贸易中封闭版权会损坏本国贸易收益，平衡版权、合理使用是更好的解决办法，平衡版权规则更有利于提高本国的贸易收益、强化研发创新水平和增加就业比率。

（3）个人信息保护。数字贸易的发展不可避免地会出现个人信息暴露问题。韦伯（Weber，2015）通过收集相关数据发现，网站登录信息、个人位置信息、个人访问数据、个人偏好分析均存在信息暴露问题。随着数字贸易的快速发展，数据的传输速度越来越快，远远高于商品和服务的运转速度，各国政府越来越重视其中的数据隐私问题，纷纷采取了保护个人数据隐私的措施，但各国监管机制、市场体制不同，对个人信息的保护监管方式和监管水平也不同，势必会造成国家间的摩擦，提高合规成本，这反过来会抑制数字贸易的自由化程度（Janow and Mavroidis，2019）。蒙哥马利等（Montgomery et al.，2012）从数字营销角度分析个人信息保护问题，他发现诸多网站均存在根据个人浏览偏好进行分析，以进行数字营销的现象，这是对个人信息隐私的侵犯，政府应该制定法律法规进行监管和规制。同时个人信息的暴露也滋生了网络欺诈和犯罪现象，政府有必要进行信息管制，保障个人信息安全（Koske et al.，2014）。

跨境数据流限制、知识产权侵权及个人信息保护等数字贸易壁垒的存在，根本上说是因为世界并未形成统一权威的数字贸易规则。各国根据本国数字贸易发展情况及优势确立了自己的数字贸易规则，数字贸易规则的不同不可避免地会加剧国家间贸易摩擦和贸易纠纷（Ahmed，2019）。

2.1.3 数字贸易规则的现状与问题研究

WTO 对电子商务议题的谈判进展缓慢，统一权威的数字贸易规则迟迟未被确立，因而国家、双边及区域等层面均对数字贸易的具体规则做出了尝试。截至 2017 年，所有区域自贸协定中，一半以上的 WTO 成员均签订了至少一个包含数字贸易条款的区域自贸协定，其中涉及的数字贸易条款规定较为全面，大多包括数字贸易领域内的关税措施、非歧视、市场准入、电子签名、信息保护等规定（Wu，2017）。但是数字贸易规则的具体制定上，国际上存在种种利益冲突。

首先是发达国家和发展中国家之间的矛盾。发达国家和发展中国家之间存在数字贸易发展不平衡的问题。经济发展、政治体制以及社会环境的差异是造成南北国家数字贸易不平衡的根本原因（Campbell and Mau，2019）。发展中国家的数字技术水平明显低于发达国家（王学宾和郑晓乐，2004），导致发展中国家在数字经济的发展中失去先机，再加上数字贸易中，发展中国家与发达国家之间存在开放程度差异，使其更难以通过数字贸易的发展赶超发达国家（赵星，2016）。以美国为首的发达国家在数字经济发展中处于领先地位，正试图构建以自己为核心的国际数字贸易规则（侯亮，2007；李忠民和周维颖，2014）。数字贸易的发展改变着传统产业的发展模式，发达国家通过数字贸易规则的制定抢占了数字经济跨国、跨区域发展的先机。目前发达国家和发展中国家在数字贸易规则制定方面的矛盾主要存在于关税方面以及跨境数据自由流动、知识产权保护、个人信息保护等非关税方面。

其次是以美国为代表的发达国家内部之间的矛盾。在国际数字贸易规则的制定上，美国和欧盟均走在前列，根据其各自在数字贸易规则中的利益诉求与政策主张，国内外研究人员总结出了著名的"美式模板"和"欧式模板"。美国作为数字贸易最发达的国家，一直引领着数字贸易规则的制定。最早的文献大多集中在美国的电子商务立法、战略等方面（韦伟，2000；张楚，2000；宋玉萍，2007）。针对第一代"美式模板"，研究的重点多在"无纸化"、"非歧视性待遇"及"电子传输免关税"等条款方面（Mikic，2008；王立武和杨柳，2013；陈靓，2015；李佳欣，2015）。近年来，随着数字贸易定义范围的不断扩大，出现了"跨境数据自由流动""本地化要求""源代码访问""个人信息保护"等新议题（Burri，2015），成为了国际数字贸易谈判中的焦点。其中，"跨境数据自由流动""源代码访问"等最能体现美国意志（Weber，2015）。"美式模板"通常在其区域自贸协定内通过推动跨境数据自由流动以实现区内数字贸易的自由发展（李杨等，2016）。

"欧式模板"方面，周念利和陈寰琦（2018）认为欧盟更重视数字贸易规则中的知识产权保护和个人信息保护，但与"美式模板"相比，"欧式模板"的体系并不成熟，欧盟在数字贸易谈判中往往会根据缔约方的优势改变"出价"，跨境数据自由流动、个人信息保护和知识产权保护是其最为关注的领域。"美式模板"和"欧式模板"存在较多差异，跨境数据流动条款方面，美国更加看重跨境数据流动所带来的贸易利益，反对数据本地化，但欧盟更加注重个人隐私保护，对跨境数据自由流动规则有所保留（Meltzer，2014；吴伟华，2019）；关税方面，"美式模板"和"欧式模板"也存在较大差异，比如"美式模板"中多要求在产品原产地征税，但"欧式模板"则倾向于在消费者所在地征税（王惠敏和张黎，2017）。另外，数字贸易领域内文化产品的相关规则也是"美式模板"和"欧式模板"的主要差异之一，美国作为文化强国并未在数字贸易中对文化产品做出例外规定，但欧盟更为看重内部文化产业的发展，一般在区域自贸协定中将文化产品单独列出并例外对待（吴伟华，2019）。

美国和欧盟在关税以及跨境数据自由流动和个人信息保护等非关税方面的差异不利于构建统一的国际数字贸易规则。各国利益诉求不同，在国际贸易规则制定上争执不断。高媛和王涛（2018）认为在美国退出《跨太平洋战略经济伙伴关系协定》（TPP）后，《国际服务贸易协定》（TISA）可能也会面临同样的命运。

另外，在各区域自贸协定中的数字贸易条款的具体执行上，也存在诸多问题。梅尔策（Meltzer，2016）经过系统的梳理和总结发现，数字贸易过程中，第一，仍然存在严重的个人信息泄露问题；第二，各国司法管辖权之间往往缺乏协调；第三，低价值的数字贸易产品争端不断，数字贸易条款并未给出争端解决机制；第四，国际支付机制不能协调，给数字贸易的支付结算带来不便；第五，国际物流跟目前的数字贸易发展水平不能匹配，一定程度上降低了数字贸易的发展速度。

2.1.4　中国参与构建数字贸易规则的研究

近年来，中国数字贸易发展迅猛，在5G、电子支付及人工智能领域引领全球发展。马等（Ma et al.，2018）梳理了2013～2018年中国所有跨境电商的相关条款，发现中国电子商务中的服务体系建设日渐完善，监管体系较为成熟，但税收、仓储方面仍有欠缺，国际合作和风险防控措施有待完善。中国较大的人口基数虽然使中国拥有了消费市场比较优势（顾洁和胡安安，2017），但中国的互联网普及率远低于美国、日本等发达国家，互联网企业的崛起使美国在数字贸易中拥有了绝对的市场优势，而中国的互联网企业如腾讯、阿里巴巴等在数字贸易中经常会受到国际贸易规则阻碍（刘济群，2016）。顾洁和胡安安（2017）认为中国庞大的互联网用户群体给市场监管带来了很大挑战，繁杂的个人信息以及国家安全信息一旦遭遇泄露，后果将不堪设想。中国最新颁布的《中华人民共和国网络安全法》中第三十七条明确了重要基础设施中的关键个人信息和业务数据应存储于国内，信息、数据需跨境流动时，应提交国家安全部门进行评估，评估合格后方可进行跨境传输。

在国际数字贸易谈判中，各国由于利益诉求不同，因此形成统一权威的国际数字贸易规则难度较大。梅尔策（Meltzer，2019）认为各国应退而求其次，统一国际监管标准，加强国际监管合作，使监管准则与数字贸易规则相结合，形成一个暂时性的统一的国际贸易规则体系。中国应如何依托 WTO 框架，在美国、欧盟、日本等数字贸易强国（组织）中找准利益平衡点，提升自己在国际数字贸易规则谈判中的话语权，构建统一权威的数字贸易规则？

李忠民和周维颖（2014）梳理了中国近年来数字贸易的发展态势，认为中国的数字贸易发展应继续加强统筹监管，积极参与国际谈判，推进监管体制建设，为经济增长打好基础，实现经济结构转型发展。弓永钦和王健（2014）认为，中国的数字贸易发展需要实现跨境数据自由流动和个人信息保护的平衡，因此加入跨境隐私规则体系（CBPR）有利于实现中国数字贸易的健康发展。赵萍（2016）认为中国应继续积极进行区域协定中的数字贸易规则谈判，重视与发展中国家的合作，发挥主动性，推动构建国际数字贸易统一规则。孙宁（2017）认为，WTO 中的《服务贸易总协定》（GATS）更能弥补中国数字贸易发展中的问题，符合中国数字经济的发展规律，有利于中国数字贸易的可持续发展。来有为和宋芳秀（2018）具体分析了中国该如何参与构建国际数字贸易统一规则，他们认为数字贸易发展过程中，中国应坚持开放与保护相结合的原则，积极参与区域自贸协定中的数字贸易谈判，发出中国声音，提出中国方案，促进构建更公平合理的国际数字贸易规则。吴伟华（2019）通过梳理中国在各区域自贸协定，尤其是中日韩自贸协定中数字贸易规则的探索尝试，发现中国仍需继续完善国内相关法律法规，加强构建数字贸易监管体系，在数字贸易谈判中提出中国观点，构建"中式模板"，以此才能在以美国、欧盟为核心的数字贸易规则中站稳脚跟，推动本国数字贸易的进一步发展。彭德雷（2019）认为中国应依托 WTO 框架下的《服务贸易总协定》（GATS），进行公平合理的多边数字贸易谈判，提升中国数字贸易的国际竞争力。

还有部分学者从数字贸易谈判的具体条款入手进行分析。戴振华（2015）重点研究了数字贸易谈判中的关税条款。李海英（2016）认为本地化要求是数字贸易规则谈判的核心，中国应坚守立场。另外，阿里巴巴创始人马云曾多次在企业家论坛中提出政府应倾听数字贸易规则构建中的企业声音，希望能在政府的指导和审批下，以企业为主体进行中小企业数字贸易规则框架的初步构建。

目前，中国数字贸易的发展仍处在起步阶段，数字贸易规则谈判中关于"中式模板"的构建方案并不成熟，因此部分国内学者试着对国际上其他较为成熟的数字贸易规则模板进行梳理总结和经验借鉴，提出完整全面的"中式模板"构想。何其生（2012）通过研究美国所签订的区域自贸协定中的数字贸易章节，发现美国通过区域自贸协定向全球输出数字贸易主张，这是对中国构建数字贸易规则的经验借鉴。尹国君和刘建江（2012）通过比较中美两国服务贸易的显性比较优势指数（RCA）和比较优势指数（CA）发现，中国的金融服务、许可证与版税费用服务还有较大发展空间。杜琼和傅晓冬（2014）通过研究《服务贸易协定》（TISA）的进展和成果等，提出中国应继续推进服务业改革开放，促进跨境数据自由流动，在国际数字贸易谈判中把握主动权。石静霞（2015）比较分析了国际贸易投资规则的构建路径、全球价值链在其中的作用以及中国在国际贸易投资规则中的举措，提出中国要以史为鉴，积极参与到双边、多边数字贸易规则谈判中，发出中国声音，提出中国方案，提升中国在国际数字贸易规则构建中的话语权。陈靓（2015）梳理并分析了WTO多边谈判、跨大西洋贸易与投资伙伴协议（TTIP）谈判、《国际服务贸易协定》（TISA）谈判以及美国参与的区域自贸协定相关数字贸易章节谈判，提出中国应继续完善国内相关法律法规，为国际数字贸易谈判做好准备。马芳和桂畅旎（2016）通过研究《美国网络空间战略》，总结了"美式模板"中的优势与不足，为中国智库的构建提供了经验借鉴。李墨丝（2017）比较了近年来的大型区域自贸协定中的数字贸易章节，试图总结出数字贸易规则的发展趋势，指引中国构建自己的"中式模板"。周念利等（2017）研究了"美式模板"的主要特征与成果，为"中式模板"框架的初步构建提出了对策建议。徐金海和周蓉蓉（2019）认为"美式模板"突出了美国的产业比较优势，在全球输出美国政策主张，以此进一步促进美国数字贸易的发展；中国应挖掘本国在数字贸易尤其是数字货物贸易中的比较优势，促进各区域数字贸易平衡发展，以此来构建"中式模板"，提升中国在以欧盟、美国为主导的国际数字贸易规则中的话语权。

2.2 全球价值链的相关研究

2.2.1 全球价值链的影响因素研究

近年来，国内外学者对全球价值链分工影响因素的研究越来越多，本书主要总结了金融市场、规模经济、要素禀赋和交易成本四方面。

金融市场的快速发展能促进全球价值链嵌入（Kletzer and Bardhan，1986；Fenney，2001；包群和张雅楠，2010；顾磊和杨倩雯，2014；刘梦坤和尹宗成，2015）。芬妮（Fenney，2001）发现金融市场的发展水平对一国全球价值链分工具有不可忽视的作用。国家间金融市场发展的不平衡是国家参与全球价值链生产分工的驱动因素之一（杨珍增，2011）。顾磊和杨倩雯（2014）发现，金融市场效率和金融发展规模均能促进全球价值链分工，但不同的金融指标对各区域市场的影响存在差异。也有学者比较了金融市场效率和金融发展规模的影响差异，结果发现两者均对全球价值链分工产生正向影响，但金融市场效率的影响效应要大于金融市场规模。也有部分学者从融资依赖度方面解释金融发展对全球价值链分工的影响机制。一国金融市场的发展水平直接关系到企业和行业的融资。一般来说，技术含量较低的产品，其融资依赖度也较低，而技术含量较高的产品，其融资依赖度也相对较高，因此一国金融市场的发展水平一定程度上会直接影响产品的技术含量和专业化水平，进而影响到其在国际生产分割中的比较优势（Kletzer and Bardhan，1986）。企业会根据金融市场发展水平决定中间品生产决策，若市场面临的融资约束较高，高生产率、高技术含量的生产企业可能很难参与到全球价值链分工之中（黄先海等，2016；吕越等，2016）。包群和张雅楠（2010）的研究也证实了这一观点，金融市场的快速发展会促进技术含量高、附加值高的产品参与国际生产分工。刘斌等（2016）则以中国制造企业的金融投入为视角，研究发现金融服务化水平越高，中国企业在全球价值链中的参与水平也越高。

规模经济理论是伴随着整个经济发展史的重要理论，同时也是影响一国参与全球价值链分工的重要因素。石井等（Ishii et al.，1997）和卢锋（2004）发现规模经济决定了行业的水平专业化水平和垂直专业化水平，是国家参与国际生产分工的决定因素之一，同时也是国家参与国际生产分割的直接诱因（孙文远和魏昊，2007；王岚和盛斌，2013）。规模经济的实现有助于行业和企业提高生产效率，降低生产成本，企业能够利用更先进的设备和技术，有助于企业内部的生产分工趋向合理化和专业化。格罗斯曼和罗西翰斯伯格（Grossman and Rossi – Hansberg，2012）发现，当企业实现了内部的专业化生产以后，成本较高的外包环节会相应减少，从而降低了企业成本。中国学者的研究中，徐邦栋和高越（2017）以中国企业为研究对象，证实了规模经济对全球价值链分工的影响机制主要是通过成本降低效应和内部学习效应。王慧（2011）则研究了山东省制造企业的专业化生产情况，实证研究发现规模经济提高了企业的国际生产分工水平。

除规模经济以外，一国的要素禀赋水平也是影响全球价值链分工的重要因素。要素禀赋水平影响全球价值链分工主要通过比较优势这一机制。国家间的要素禀赋水平差异决定了各国的专业化分工水平（Sanyal and Jones，1982；Dixit and Grossman，1982），一般来说，要素禀赋越充裕，跟要素禀赋相关行业的生产效率也越高，行业比较优势越明显，从而会促进该行业的全球价值链分工水平（Fujita and Thisse，2006）。薛鹏（2016）发现，市场因素在全球价值链分工中的影响力在下降，要素禀赋的影响力在上升，可见，地理因素和要素禀赋仍会在很长时间内影响一国的产业比较优势，主导国际生产分工（徐康宁和王剑，2006）。高越和高峰（2005）则强调，尽管全球价值链分工的基础是比较优势，但技术水平对国际生产分工的影响也不容忽视。鞠建东和余心玎（2014）认为自然资源禀赋条件、技术水平、资本禀赋均是影响国际生产分工的重要因素。王中华和代中强（2009）通过模型推导证实了劳动力禀赋和资本禀赋仍是国际生产分工的主要动因。倪红福等（2016）研究也证实了这一点，劳动力要素禀赋和资本要素禀赋对全球价值链分工具有明显的促进作用。苏杭等（2017）则以中国制造业为研究对象，发现劳动力要素禀赋对中国制造业全球价值链分工水平提升意义重大。

还有学者提出，企业的全球价值链分工水平不仅仅由要素禀赋和规模经济决定，交易成本也是其中重要的一环（Venables and Baldwin，2011）。交易成本理论也是全球价值链分工研究中的重要方向，直接关系到企业的价值链嵌入。交易成本的大小能影响企业在内部垂直一体化生产和参与外部国际生产分工之间的抉择，若内部交易成本大于国际生产分工的交易成本，企业会更倾向于嵌入到全球价值链分工中（McLaren，2000；Antras and Helpman，2008）。布里奇曼（Bridgman，2012）构建了垂直专业化生产模型，发现交易成本的下降促进了中间品贸易，加速了全球价值链分工进程。莱夫琴科（Levchenko，2004）则引入制度质量导致的交易成本，发现国家间制度性差异在很大程度上提高了交易成本，从而降低了国家间的国际生产分工水平。刘斌等（2019）发现，贸易便利化措施能够降低交易成本，促进国家间专业化生产分工。另外，还有学者使用知识产权理论来解释全球价值链分工。知识产权侵权也会引致额外的交易成本，因而会抑制企业外包（Antras and Rodrik，2003）。对发展中国家来说，知识产权保护意义重大，完善知识产权保护水平，提高知识产权保护力度，有助于企业提高外包水平，促进全球价值链分工参与（左宗文，2015；杨珍增，2016；余骁和郭志芳，2017）。

17

2.2.2　全球价值链的核算研究

全球价值链的核算一般采用增加值法，利用投入产出表，将产品增加值分解到国家来源及行业来源。最常见的几种核算方法分别是 VS 法（Hummels et al.，2001）、Koopman 方法（2010）、VAX Ratio 法（Johnson and Noguera，2012a）、KWW 法（Koopman et al.，2014）及 WWZ 法（Wang et al.，2013）。

垂直专业化法，即 VS 法（vertical specialization），由胡梅尔斯等（Hummels et al.，2001）提出，有两个指标，分别是垂直专业化绝对值和垂直专业化比例，垂直专业化绝对值测度出口产品中所包含的进口中间投入，而垂直专业化比例则测度总出口中垂直专业化绝对值的占比。VS 法是使用较为广泛的一种全球价值链测度方法（Yi，2003；胡昭玲，2006；Dean et al.，2007），该测度方法抓住了全球价值链背景下产品生产的生产阶段多、增加值来源国多、跨境次数多的特征，是对增加值核算方法的相对完善尝试。但 VS 法假设所有的进口中间投入均是国外增加值，这是不符合现实的，随着国际分工的进一步深化，进口中间投入的增加值可能来自包括本国在内的多个国家，但是 VS 法只能追溯本国和贸易伙伴国两个生产区域，不能进行进一步分解，因此不能反映当今越来越细化的全球价值链模式。

库普曼等（Koopman et al.，2010）利用国家间非竞争性投入产出表，识别一国总出口中的国内增加值和国外增加值，提出了将一国总出口按来源分解增加值的方法，将总出口分为五部分：最终品出口中的本国增加值、中间品出口中的本国直接增加值、中间品出口中的本国间接增加值、返回增加值及国外增加值，以本国间接增加值与国外增加值占中间品出口的比重表示全球价值链参与。为衡量一国在全球价值链中所处的位置，他还以中间产品供给和使用的比例衡量一国在全球价值链中的上下游位置，全球价值链位置指数越大，则一国越靠近全球价值链的上游位置，反之则反是。

约翰逊和诺格拉（Johnson and Noguera，2012a）的增加值分解理念不同于胡梅尔斯等（Hummels et al.，2001）和库普曼等（Koopman et al.，2010），他们认为只有被其他国家最终消费的本国增加值才能算增加值出口，只关心增加值的生产和最终消费，并不关注增加值进入最终消费国的途径（直接进口、间接进口或通过第三国进口）。根据这一理念，约翰逊和诺格拉（Johnson and Noguera，2012b）提出了 VAX Ratio 法，以增加值出口占总出口的比重来衡量投入产出法中"重复统计"的严重程度，"重复统计"越严重，全球价值链参与度越高。约翰逊和诺格拉（Johnson and Noguera，2012b）将 1970～2009 年 40 年间 42 个国家的投入产出表对接，构建了一个综合性的全球投入产出表，以此计算增加值出口。但 VAX Ratio 法只考虑到了贸易增加值中的重复统计，并没有考虑到其中的 GDP 增加值。KWW 法（2014）则很好地解决了这一问题。

KWW 法（2014）将一国总出口分解为四大类：本国增加值、国外增加值、返回增加值和重复计算的部分，又对这四大类做了九项更加细化的分解，KWW 法（2014）的分解方法将重复计算部分分解出来，因此在删除贸易增加值中重复计算的部分时，不会影响到 GDP 增加值，但 KWW 法（2014）并没有细化到部门水平。WWZ 法（2013）做了进一步的拓展，将增加值分解细化到国家双边层面和行业层面，更加细致准确地表明了增加值的来源和流向，为后续对国家层面和行业层面的全球价值链嵌入研究提供了数据资料和测度方法。王等（Wang et al.，2017b）分别基于 GDP 分解和总产出分解，构建了"国家—行业—年份"三维层面的全球价值链前向参与指标和后向参与指标。

2.3　生产性服务投入与全球价值链的相关研究

近年来，随着经济全球化和全球价值链的发展，服务投入在产业重构和价值提升中的作用越来越凸显，成为全球产业链顺畅运行的重要一环。生产性服务的投入创新了产品的生产模式和商业模式，企业出售的不再只是单纯的商品，信息服务、金融服务、商贸物流等生产性服务嵌入其中，价值链的参与主体实现了价值增值（White et al.，1999；Reiskin et al.，2000）。

江静等（2007）、黄永春等（2013）、谭洪波（2015）等发现生产性服务投入和全球价值链分工、全球价值链升级之间存在显著的正相关关系。发达国家生产性服务化进程开始的最初，在服务业等高附加值行业的发展中占据绝对优势，这也是发达国家在全球价值链分工中占据主导地位的重要原因。对发展中国家来说，生产性服务化进程是其突破价值链锁定的重要方式，对其在全球价值链中的地位攀升具有重要的驱动作用（刘志彪，2008）。

国内外学者对生产性服务投入促进全球价值链分工的机理方面做了较多的研究。从产业视角看，首先，生产性服务业促使知识、技术、资本、信息等高端服务要素嵌入全球产业链和全球价值链（Grubel and Walker，1989），从产业链开始端的设计、研发到产业链结束端的分销、零售、售后服务，服务要素已经成为产品生产过程中的重要中间投入，在产业生产效率和价值增值的提升上起着重要作用（Jones，2011；顾乃华等，2006；高觉民和李晓慧，2011）；其次，物流服务、信息传输等服务活动也是连接跨行业、跨地区、跨国家生产活动的"黏合剂"（Jones and Kierzkowski，2001），在全球价值链生产链条中起协调和连接作用。其中，生产性服务投入对制造业价值链分工的促进效应成为国内外学者们的研究重点。生产性服务贸易促进了服务要素在全球的优化配置，能显著提高制造业生产效率（Robinson et al.，2002；邱爱莲等，2014），强化制造业出口竞争优势（赵舰和吴梅，2016），提升各国的制造业国际竞争力（Macpherson，2008；高觉民和李晓慧，2011；黄永春等，2013）。郑休休和赵忠秀（2018）实证检验了生产性服务投入对制造业中间品和制造业最终品的影响效应，结果发现生产性服务投入提高了制造业中间品增加值比率，提升了制造业出口竞争优势，促进了制造业最终品出口。刘斌等（2016）则直接计量验证了生产性服务投入对一国价值链升级的促进效应。

从企业视角看，首先，服务要素具有很高的价值创造属性，在价值链生产前端，企业需要投入大量的研发服务、IT服务、设计服务；在价值链生产中端，金融服务、数据服务、信息服务是企业主要的中间服务需求；在价值链生产后端，咨询服务、物流服务、营销服务、售后服务扮演了重要角色。由此可见，中间服务投入几乎占据企业的整个生产链条，这些生产性服务投入优化了资源配置，提高了生产效率和产品品质，增强了企业在国际市场上的竞争优势，成为企业价值创造的源泉。其次，越来越多的产品开始与服务"捆绑"销售，服务投入正式成为商业模式的一部分。比如，家电产品出口需要配备相关的安装服务、维修服务和保养服务，这部分价值已经包含在产品价格之中，这种"内置化"的服务投入是产品顺利出口的必备条件，有利于提高企业的出口强度和出口竞争优势（Lodefalk，2014）。

2.4 数字贸易壁垒与全球价值链的相关研究

通过大量的文献梳理发现，研究数字贸易壁垒对全球价值链分工影响的国内外相关文献寥寥无几，但数字贸易壁垒本质上是一种服务贸易壁垒，因此本部分梳理了服务贸易壁垒与全球价值链的相关研究。比鲁科娃和沃罗比耶娃（Biryukova and Vorobjeva，2017）通过计量分析服务贸易壁垒限制指数与全球价值链参与水平的关系发现，服务贸易壁垒通过减少金融服务投入和运输服务投入、阻碍FDI进入抑制了国家的经济发展和全球价值链分工参与。埃里克（Erik，2017）从增加值视角分析服务贸易壁垒价值链升级的关系，实证结果发现服务贸易壁垒对服务要素出口和全球价值链地位攀升具有显著的抑制作用。近年来，双边、多边和区域服务贸易协定逐渐增多，服务贸易协定的签订提高了跨区域和跨行业服务的可获性。德拜尔等（Debaere et al.，2013）对爱尔兰进行案例研究，发现服务可获性的提高能显著提升一国全球价值链的分工水平。尤里（Woori，2017）发现服务贸易协定的签订既促进了服务业的最终品进出口，也促进了服务增加值进出口，但对增加值进出口的影响更大，因为服务要素嵌入到生产链条之后会持续影响后续的价值增值和全球价值链分工。林僖和鲍晓华（2018）同样发现区域贸易协定的签订促进了服务业增加值出口，但其促进作用存在国别异质性，与本国增加值出口相比，服务贸易协定对伙伴国增加值出口的促进作用更大。

洛伦佐和茹昂让（López González and Jouanjean，2017）、瑟拉菲克和阿尔伯特（Serafica and Albert，2018）、茹昂让（Jouanjean，2019）、徐金海和周蓉蓉（2019）是仅有的几篇与本书的研究直接相关的文献。洛伦佐和茹昂让（López González and Jouanjean，2017）认为数字技术优化了产业结构、改变了贸易方式、便利了企业与消费者之间的联系，会加速全球价值链的发展。茹昂让（Jouanjean，2019）分析了农业和食品行业的中小企业发展趋势，发现数字贸易的发展加速了中小企业在全球价值链分工中的参与进程，而在之前的传统贸易中，中小企业因为贸易成本较高等原因，并不能参与全球价值链分工。随着中小企业逐步融入全球价值链，数据和信息的传递越来越迅速和便利，同时也为货物贸易的发展提供了优势（Serafica and Albert，2018）。徐金海和周蓉蓉（2019）认为随着数字经济的发展，数字产品在国际贸易中所占的比例越来越高，而且多是以中间品的形式出现，因此数字产品在国际分工中的大规模参与必定会对全球价值链分工产生重要影响。

数字贸易的发展对全球价值链产生重要影响，本书在王等（Wang et al.，2013）的研究基础上，利用亚洲开发银行（ADB）2018 版投入产出数据，进行出口增加值分解，得到"本国—行业—伙伴国—年份"四维全球价值链分工数据，并用数字贸易壁垒对全球价值链分工数据做回归。数字贸易壁垒主要通过阻碍 FDI、减少研发投入和提高贸易成本抑制全球价值链分工。本书的研究对中国如何应对各国的数字贸易壁垒，提升在国际数字贸易规则中的话语权，促进全球价值链分工具有重要的借鉴意义。

2.5　对现有研究的总结与评述

当前关于数字经济、数字贸易、全球价值链分工的相关研究逐渐增多，为本书的写作提供了大量的文献资料，但通过上述文献梳理，发现目前的研究仍然存在不少问题。

第一，因数据可获性等原因，当前大多数文献多是关于数字贸易壁垒的定性分析，主要集中于数字贸易的概念、数字贸易壁垒的分类、数字贸易规则中的"美式模板"和"欧式模板"等内容。仅针对单个方面进行内容的简单梳理，少有数据支撑、理论模型和计量模型，研究深度和广度不够。本书通过构建理论模型和计量模型，引入数字贸易壁垒指标进行实证研究，很好地解决了这一问题。

第二，当前的研究多集中在数字贸易、数字贸易壁垒或全球价值链单个领域，讨论数字贸易壁垒对全球价值链分工影响效应的文献寥寥无几。随着数字经济的发展壮大，数字技术与传统产业实现深度融合，价值链分工中的数字要素投入需求增大，而数字贸易关税壁垒和非关税壁垒的存在阻碍了数字要素流动，因而阻碍了全球价值链分工。因此，数字贸易壁垒与全球价值链分工中日益增长的数字要素需求成为了本书研究的立足点。

第三，当前全球价值链分工指标的测度仍然存在问题。库普曼等（Koopman et al.，2010）虽然构建了以本国间接增加值与国外增加值占中间品出口的比重表示全球价值链参与的指标体系，但库普曼等（Koopman et al.，2010）只将总出口分为五部分：最终品出口中的本国增加值、中间品出口中的本国直接增加值、中间品出口中的本国间接增加值、返回增加值及国外增加值，指标分解不够细化。WWZ法（2013）做了进一步的拓展，分解出了重复计算的部分，并将增加值分解细化到国家双边层面和行业层面，更加细致准确地表明了增加值的来源和流向，但WWZ法（2013）并没有构建具体的全球价值链分工指标。王等（Wang et al.，2017b）构建了全球价值链前向指标和后向指标，但其数据分解只是"国家—行业—年份"三维层面，没有贸易伙伴国维度。鉴于此，本书以库普曼等（Koopman et al.，2010）的指标度量方法和

WWZ（2013）的出口分解方法，构建了全球价值链分工指标。

第四，关于数字贸易壁垒与全球价值链分工的机制研究，当前文献很少有与数字贸易壁垒和全球价值链分工研究直接相关的，更是缺少对数字贸易壁垒阻碍价值链分工传导机制的研究。因此本书尝试探寻数字贸易壁垒阻碍全球价值链分工的内在机制，从而为政府决策提供经验证据和数据支持。

第五，当前数字贸易壁垒的文献研究缺少国别、行业等维度的详细比较分析。数字贸易的发展在深刻改变着全球价值链的分工模式，数字贸易壁垒对全球价值链分工的阻碍作用是否存在行业差异、国家差异？以及数字贸易壁垒对价值链长度、跨境次数、全球价值链长度和地位又存在什么影响？上述问题尚具有很大的研究空间和研究意义。

第 3 章 数字经济、数字贸易和全球价值链的发展分析

3.1 数字经济发展现状

近年来，随着数字技术和互联网技术的普及，数字经济蓬勃发展，对国家经济、产业结构、企业实力等均产生了深刻的影响。根据历年中国信通院《全球数字经济白皮书（2022 年）》的统计，2021 年，全球47 个主要经济体数字经济规模为 38.1 万亿美元，占 GDP 的比重为45.0%，数字经济发展活力持续释放。目前全球服务贸易中的数字贸易占比已经超过一半，各国数字贸易呈现出一派蓬勃发展的势头。

3.1.1 国家层面

发达国家的数字经济发展领跑发展中国家。发达国家占据数字技术优势和互联网技术优势，其数字经济总体规模高于发展中国家，因此在全球数字贸易竞争中一直是引领者。图 3 - 1 是 2018 ~ 2019 年主要国家数字经济规模与数字经济增速对比图。由图 3 - 1 可以看出，2018 ~ 2019 年，美国的数字经济规模最大，其次是中国、德国、日本，远远高于印度、巴西和俄罗斯。总体上，发达国家的数字经济发展领跑发展中国家。

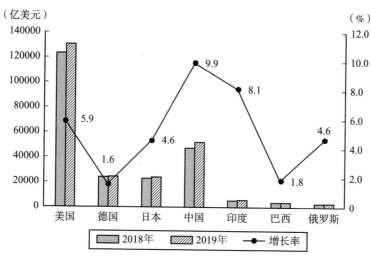

图 3 - 1 2018～2019 年主要国家数字经济规模与数字经济增速对比

资料来源：中国信通院《全球数字经济新图景（2019 年）》《全球数字经济新图景（2020年）》，http：//www.caict.ac.cn/kxyj/qwfb/bps/。

发展中国家数字经济发展潜力较大。尽管发达国家占据数字技术优势和互联网优势，但发展中国家庞大的消费市场和不断缩小的技术差距，使其在未来数字经济的追逐战中潜力巨大。如图 3 - 2 所示，从2018～2021 年发达国家与发展中国家数字经济增速对比来看，2018～2021 年，发展中国家数字经济增速全面超越发达国家。2020 年受新冠疫情暴发影响，发达国家和发展中国家的数字经济增速分别降到 3% 和3.1%，2021 年，发展中国家数字经济增速达到 22.3%，而发达国家为13.2%，差距近 10 个百分点。从主要国家数字经济增速来看，如图 3 - 1所示，2019 年中国和印度的数字经济增速分别为 9.9% 和 8.1%，远远高于美国、德国、日本等发达国家的同期增速。当前，以中国为代表的新兴经济体的数字贸易发展水平已跃居世界前列。《全球服务贸易发展指数报告 2021》的统计显示，中国数字产业发展迅速，已高于大多数的发达国家，中国数字贸易额 2018～2021 年已连续 4 年实现顺差，并且差额不断扩大，2021 年，中国数字贸易顺差达到 300 亿美元。目前，中国的数字经济规模已仅次于美国，牢牢占据全球第二位，成为名副其实的数字贸易大国。

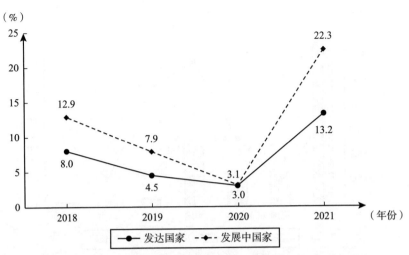

图 3 – 2　2018 ~ 2021 年发达国家与发展中国家数字经济增速对比

资料来源：中国信通院《全球数字经济新图景（2019 年）》《全球数字经济新图景（2020年）》《全球数字经济白皮书（2021 年）》《全球数字经济白皮书（2022 年）》，http://www.caict.ac.cn/kxyj/qwfb/bps/。

3.1.2　行业层面

行业渗透率差异化。图 3 – 3 是 2019 年不同组别三产业数字经济占比图。如图 3 – 3 所示：第一，无论是高收入国家、中高收入国家、中低收入国家，抑或是发达国家、发展中国家，其服务业数字经济占比均超过农业和工业，服务业数字化转型最快。第二，发达国家三产业数字经济渗透率显著高于其他组别国家，农业、工业和服务业数字经济占比分别为 13.3%、33.0% 和 46.7%；其次是高收入国家，农业、工业和服务业数字经济占比分别为 11.9%、30.5% 和 43.7%。第三，与发达国家和高收入国家相比，发展中国家和中低收入国家的三产业数字化转型较慢且不均衡，以发展中国家为例，其农业、工业和服务业数字经济渗透率仅为 5.9%、15.7% 和 25.2%，平均水平较低，且服务业数字化转型较慢。其中，2019 年，中国三产业数字经济渗透率为 8.2%、19.5% 和 37.8%，虽高于发展中国家平均水平，但与发达国家和高收入国家仍有较大差距。

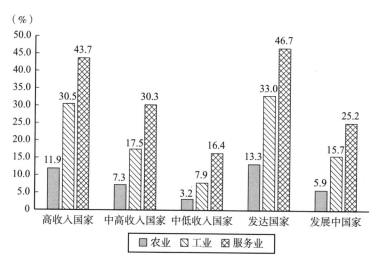

图 3 － 3　2019 年不同组别三产业数字经济占比

资料来源：中国信通院《全球数字经济新图景（2020 年）》，http：//www. caict. ac. cn/kxyj/qwfb/bps/。

3.1.3　企业层面

当前，随着数字经济的发展，互联网企业也在横向扩张，如今互联网巨头企业掌控着全球数字贸易的话语权，主导着数字贸易的发展方向。谷歌在 1998 年创立之初，仅提供搜索引擎服务，但如今已经扩展到数字视频、Gmail 通信、电子商务等领域。其他的互联网巨头如阿里巴巴、百度、腾讯等也是如此，其提供的数字产品和服务涵盖了搜索引擎、社交媒体、数字视频、数字音乐、电子读物、通信服务、电子商务、云计算等，加速重构着全球数字经济生态圈。美国和中国拥有着全球绝大多数的互联网巨头企业，根据 2022 年互联网企业的股票市值排名前 10 名的企业中，中国有 4 个，美国有 6 个。尽管美国和中国"垄断了"全球互联网巨头企业，但在开放、包容、共享的全球数字经济时代，中小企业仍有较大的发展空间。传统贸易时代，中小企业参与全球价值链生产分工一般面临着较高的关税成本和交易成本；数字经济时代，信息、数据传输极其便利，大大降低了贸易中的交易成本和信息搜寻成本，中小企业如今可集中资源从生产、加工、出口转向品牌设计和产品研发，提升其产品附加值，满足全球消费者多样化的消费需求，促

27

进其在全球价值链分工中的深度参与。

3.2 数字贸易壁垒发展现状

互联网技术和数字技术的发展促进了传统货物贸易和服务贸易向数字贸易转变。相关统计数据显示，与十年前的全球跨境数据流量相比，如今的全球跨境数据流量已经达到了 250 + TB/秒，增加了近 60 倍，对全球的经济影响超过 5 万亿美元，贡献了 3.8% 的全球 GDP，但国家之间的数据流量增速要远低于国家或地区内部的数据流量增速。一个最重要的原因便是互联网技术与数字技术发展带来的海量跨境数据流动，让各国政府越来越担忧本国产业的发展、国家数据安全与个人信息安全，各国纷纷对数字贸易进行了管控和限制，设置了各种关税和非关税壁垒。

3.2.1 数字贸易关税壁垒的发展现状

数字贸易在内容与形式上与传统货物贸易有很大的不同。数字贸易产品的载体并非有形载体，而是无形数据流，而且数字贸易产品并未包括在现行的海关估价体系分类中。数字贸易的兴起对以传统贸易为基础的国际贸易规则和惯例产生了很大的挑战与冲击。在目前全球并无统一数字贸易规则的情况下，各国数字贸易关税壁垒越来越明显。

针对数字贸易关税壁垒，WTO 提出了成员之间电子传输免征关税的议题。目前，根据 WTO 的最新谈判结果，各成员方暂时同意对数字产品免征关税。但该条款仅仅是暂时的，并非永久性免征。然而 WTO 的技术中立原则也规定，政府应该公平公正地制定不同技术市场的竞争规则，电子传输免征关税条款与该规则相悖，因此电子产品免征关税条款在实践中极具不稳定性。发达国家之间、发达国家与发展中国家之间因为产业发展水平不同、利益主张不同，因此对数字贸易征税的态度也不同。

美国是全球经济体中最早开始发展数字贸易的国家，如今已是数字贸易强国，因此在 WTO 会议上支持电子传输永久免关税的主张，并提出建立更加开放自由的数字贸易市场，对所有的数字产品和服务免征关税。欧盟尽管大部分由发达国家组成，但在数字贸易发展上仍然弱于美国，因此在数字贸易的关税主张上趋于严格，对数字贸易态度谨慎。从1998年开始，欧盟将数字产品销售收入归入了劳务销售范畴，免征关税，但对欧盟成员国内部的数字产品和数字服务消费征收20%增值税。在数字服务方面，还规定非欧盟成员国向欧盟成员国境内提供数字服务时，同样征收20%增值税。在WTO的谈判会议上，欧盟持中立原则，主张不对数字贸易主体企业征收关税，但反对对数字产品永久免征关税的提案。欧盟对数字贸易的种种谨慎态度，使其在信息和通信行业的进出口占比上一直处于较低的水平，甚至低于亚太地区。近年来，欧盟倾向于将数字产品归入《关贸总协定》（GATT）待遇标准项下，税收将会成为欧盟保护数字产业越来越重要的手段。

欧盟在数字贸易中持谨慎态度，发展中国家因数字产业发展落后更是如此。发展中国家因为处在数字产业的起步阶段，在数字贸易中处于劣势地位，其数字产品逆差往往较大，对数字产品免征关税将会降低其关税收入，损害其税收主权，更难以令其有效地监管数字贸易。因而绝大多数发展中国家均对数字贸易产品免征关税主张持反对态度。但数字贸易壁垒的存在反过来又会阻碍发展中国家的数字贸易发展，发达国家先进的数字技术、数字服务、高端知识要素能在一定程度上促进发展中国家落后的数字产业发展，因此也有部分发展中国家改变了对数字产品征税的态度，主张对电子传输免征关税条款设置更长的时间限制，降低或取消数字贸易关税以促进本国数字产业发展。同时，在WTO第十一届部长级会议中，部分发展中经济体成员希望能够通过电子传输免征关税条款放宽欧盟、美国等数字产业发达国家对本国的市场准入标准，提倡延长执行电子传输免征关税决议。

3.2.2　数字贸易非关税壁垒的发展现状

虽然目前电子传输免征关税条款设置了更长的执行期限，但各国仍可以设置非关税壁垒对数字贸易进行限制。数字贸易非关税壁垒主要包括：数据跨境流动限制、个人信息保护、知识产权侵权等方面。若国家之间未对数字贸易作出国民待遇承诺和市场准入允许，各国仍可以以各种歧视性的法律法规对贸易伙伴国的数字贸易主体设置不同的监管标准和市场准入标准，以非关税壁垒的形式限制数字产品和服务的贸易。

1. 跨境数据流限制

最早设置和最受关注的数字贸易非关税壁垒是本地化措施，主要包括设施本地化、服务本地化和数据本地化三种。设施本地化要求数据存储设施必须储存在本国境内，跨境数据流动需要征得数据所有人的允许；服务本地化要求当进行数据存储时，必须使用本地生产和提供的服务；数据本地化要求数据必须存储在本国境内，数据跨境流出会面临一定的规则限制。广义上说，这三种本地化措施均是跨境数据流限制，狭义上说，只有数据本地化是跨境数据流限制的一部分，本书采用广义的解释。跨境数据流限制不利于数字贸易的发展与优化，尤其是提高了企业的交易成本和运行成本，信息的不对称性提高，也损失了学习发达国家先进数字技术的机会，不利于企业的数字技术研发，降低了企业的竞争力。但跨境数据流限制的根本目的是应对数字贸易中的国家数据安全问题，各国政府仍然纷纷采取了各种措施，包括设置外商准入标准、当地存在要求、当地含量要求等。

美国为保持本国数字产业在国际市场的优势，一直倡导数字贸易跨境数据流动完全自由化的主张，期望构建跨境数据自由流动新规则，并在其中充当领导者角色。与其他国家相比，美国为数据跨境流动带来的国家安全隐患所采取的限制措施较少，仅通过制定联邦政府云计算战略规定数据存储地和保障数字服务。欧盟在这一问题上则相对谨慎，为保障国家数据安全和个人隐私安全，对跨境数据流动采取了一系列的本地化限制措施。以俄罗斯、巴西为代表的发展中国家更是如此，对设施、服务、数据均设置了本地化标准。由此可见，在跨境数据流动问题上，完全的跨境数据自由流动是不可行的，需要各国共同努力，找到跨境数据流动与信息安全保护的平衡点，促进数字贸易的健康、规范、有序发展。

2. 知识产权侵权

在当今国际知识产权保护体系中，WTO 框架组织下的《知识产权协定》（TRIPS）在协调国际贸易中的知识产权侵权问题上发挥着核心作用，其强大的约束力使其至今仍然是数字贸易体系的重要组成部分。1996 年，世界知识产权组织（WIPO）为解决互联网发展引起的著作版权侵权问题通过了《世界知识产权组织著作权条约》和《世界知识产权组织表演和录音制品条约》。美国为了将该条约纳入美国著作权法，颁布了《美国数字千禧版权法》，在其中制定了更加严格的贸易产品版权保护标准。近年来，以美国为首的发达国家对发展中国家的知识产权保护现状日渐不满，提出建立新型国际知识产权保护体系。

目前，美国等发达国家主要通过区域贸易协定和知识产权协定提高知识产权保护水平，并试图在国际知识产权保护体系中充当引领者角色。近年来，美国签订了一系列双边自贸协定和区域自贸协定，要求发展中国家更高标准的国内知识产权立法，与国际知识产权标准相匹配，同时制裁那些知识产权立法不符合发达国家标准的发展中国家。在《美墨加三国协议》（USMCA）的谈判中，美国提议引入"平衡版权保护规则"和"互联网中介责任保护规则"。"平衡版权保护规则"以美国的知识产权保护标准为蓝本，强调保证知识版权执法过程的正当性及落实"安全港"制度；"互联网中介责任保护规则"中，若权利人发现在互联网中自己的知识产权被侵犯，可以通知互联网运营商删除相关内容，互联网运营商在其中只承担事后补救责任，不承担数据内容法审查和监管责任。美国强调重视数字经济中的交互式计算服务，因此提议若互联网供应商所提供的交互式计算服务内容产品有知识产权侵权问题，供应商不承担民事责任。中国的《中华人民共和国侵权责任法》也规定网络服务提供者在收到被侵权人的删除通知后，应及时采取必要措施，若措施不及时，出现损害扩大时，则要承担连带责任。

知识产权诸边协定方面，2010 年美国、加拿大等发达国家签订了《反假冒贸易协定》（ACTA）。该协定主要针对商品销售中的假冒侵权问题、商标和版权盗用问题，重新规范了数字贸易中知识产权保护的标准和制裁措施，强调保护版权和限制技术传播手段，要求成员国在数字贸易侵权行为发生之后，本国的知识产权立法标准和执法程序能够及时有效地采取措施，强调国家合作和国际执法。2012 年，欧盟对 ACTA 中公民人权和自由得不到保障以及不透明的谈判过程问题表示强烈不满，并因此退出了 ACTA。

近年来，欧盟主要通过引用 TRIPS 中的例外条款规范知识产权执法过程，提高执法效率。在发展中国家知识产权侵权问题上，欧盟取消了 TRIPS 中的例外和保护措施。另外，欧盟还制定了一系列法律法规构建单一专利体系，包括使用单一的专利语言，构建单一的专利规则和建立统一的单一专利协定。单一专利法规中，欧盟各成员国负责事务的管理和统一执行，该法规很大程度降低了申请专利的成本和门槛。

另外，在知识产权保护中，源代码的问题在发达国家和发展中国家之间争议较大。以美国为首的发达国家拥有着世界上绝大多数的专利，极其看重源代码保护，认为源代码是数字企业的商业秘密，是数字企业的正当竞争优势，而非市场准入条件，源代码泄漏会破坏行业规则。为防止源代码泄漏，被他国政府获取，发达国家颁布了一系列源代码保护的法律法规。在《美墨加三国协议》（USMCA）中，美国再次强调源代码保护的重要性，特别规定了金融市场和保险市场中的源代码禁止公开。另外，还规定政府不能为保护企业知识产权和个人专利而将源代码本地化作为数字贸易企业市场准入的前提条件。包括中国在内的发展中国家则持相反的意见，发展中国家在知识产权和专利占有率上远低于发达国家，需要发达国家的技术和知识来促进本国数字经济发展，禁止源代码公开会提高企业的技术成本，因此多数发展中国家在国际谈判中会提出相反的意见。

3. 个人信息保护

随着互联网和数字技术的发展，信息流、数据流在其中扮演着越来越重要的角色，个人信息安全问题受到了普遍关注。OECD 和 APEC 是个人信息保护规则方面公信力较强的组织。对个人信息保护最早作出规定的是 OECD 颁布的《关于个人隐私保护与个人数据跨境流动指南》，用来协调 OECD 成员国之间的个人信息保护规则制定工作，以便在组织内部达成个人信息保护规则的共识。该指南要求 OECD 成员国在个人信息保护立法中保障基本人权，在个人隐私信息得到保护的基础上，促进跨境信息、数据自由流动。2011 年，在互联网政策原则的商讨中，OECD 提出要采取合理有效的措施保护跨境数据流动中的个人信息，在信息自由传输、知识产权侵权和个人信息安全中达到平衡。

欧盟和美国是最早将数字贸易规则作为国家战略的经济体，在个人信息保护方面也是引领者，一直以来积极探索贸易发展和个人信息保护的平衡点。美国对个人信息保护采用了立法监管和自我监管的形式，而欧盟国家多采用"地理标准"，即若第三国政府并不能充分地保护数据安全，则禁止个人信息向境外地理区域传输。《安全港协议》是美国和欧盟为处理双方个人和企业数据以及进行数据交换所签订的安全协议，在2015年被欧洲法院否决后，2016年，欧盟与美国又签订了《隐私盾协议》，该协定要求美国国务院设立新的申诉专员，主动进行执法和监管，并对成员进行年度联合审查；所属美国的企业应承担全面处理数据等额外义务。欧盟和美国的企业可以依据此协定保障企业数据在两经济体之间的流动和传输。但国际上也存在诸多对《隐私盾协议》有效性的质疑，无形中提高了企业对加入该计划的疑虑。美国与瑞士也签订了《隐私盾协议》，该计划规定第三方互联网运营商有分享个人数据的权利，为互联网运营商提供服务以及帮助运营的第三方代理同样要承担该计划中的义务，若第三方代理在处理相关个人数据时，违背了该计划中的规定，要负法律责任。为解决微软"数据存储地标准"和美国联邦调查局"数据控制者标准"之争，2018年3月，美国通过了《澄清域外合法使用数据法》，确定数据主权采用"数据控制者标准"，即无论信息和数据是否储存在美国境内，服务供应商均应按照相关规定保存、披露、备份其拥有、监管或控制的记录、通信内容或其他信息。该法案实际赋予了美国政府可随时对境内企业及境外美国企业调取数据的权利，取消了美国政府的"网络空间范围"。

欧盟非常重视个人隐私保护，创建了很多高水平的保护规则，制定了更全面的个人隐私保护法律法规，在跨境数据自由流动的同时，保障了个人隐私信息的安全。2018年欧盟颁布堪称史上最严格的数据保护法案——《一般数据保护法案》，该法案设置了欧盟公民个人数据、隐私信息保护的新标准，规定了所有的欧盟企业及欧盟境内的外国企业在数据、信息获取时所享有的权利和该履行的义务，完善了欧盟内部的信息保护规则，该法案的颁布意味着欧盟对个人信息的保护和监管达到了前所未有的高度。《一般数据保护法案》规定凡是向欧盟境内提供数据产品或服务，或是处理欧盟境内个人数据的企业主体，无论其在欧盟境内还是欧盟境外，均受该法案约束；个人信息方面，若个人数据不需要被使用或使用结束时，公民可要求数据信息存储单位删除其个人信息。另外，欧盟还在《一般数据保护法案》中规定了"约束性企业规则"（BCR），该规则要求欧盟境内企业与境外进行企业集团联合经济活动时，个人信息传输到一个或多个第三方国家过程中要遵循个人数据保护政策，否则要承担相应的法律责任。

发展中国家在个人隐私保护方面与欧盟立场较为一致。多数发展中国家国内的个人隐私保护立法并不完善或者根本没有个人信息保护立法，在数字贸易跨境数据流动中，无法保护本国个人信息和数据的安全，因此发展中国家通常会牺牲发展数字贸易的利益，严格限制跨境数据自由流动，来维护国内个人数据和个人信息领域的秩序。目前，中国在个人信息保护方面，尽管《中华人民共和国个人信息保护法》于2021年11月1日起颁布施行，另外有《中华人民共和国消费者权益保护法》《中华人民共和国民法典》《全国人大常委会关于加强网络信息保护的决定》和《电信和互联网用户个人信息保护规定》用于参考，但中国作为数字贸易大国，面临着巨大的跨境数据流量，仍需继续完善个人信息保护法律体系。

3.3 数字贸易规则构建现状

3.3.1 "美式模板"

美国是互联网和数据技术的主导者，也是数字经济的最大受益者，数字技术已成为美国经济发展的主要驱动力。2017年，各国与美国的联网带宽合计已达到72.8TB每秒，在全球中占比超过25%。同时，英特尔、谷歌、英伟达、苹果、微软、IBM、亚马逊、Facebook、高通等主导和定义全球数字经济发展方向的一流互联网硬件、软件企业均是美国企业。数字贸易方面，美国国际贸易委员会（USITC）根据数据统计发现，数字贸易降低了贸易成本，同时还能拉动各行业生产率的提高，美国的数字贸易每年能够带动 GDP 增长 3.4 到 4.8 个百分点，增加的就业岗位超过 240 万个。为强化在数字技术和互联网产业的优势地位，促进本国数字经济发展和全国经济复苏，美国把数字贸易战略上升到国家战略层面，积极致力于引领全球数字贸易新规则的制定。

美国的数字贸易战略目标是推动全球各经济体网络开放，实现互联网自由化。美国国际贸易委员会（USITC）研究发现，互联网技术方面的限制和壁垒对数字贸易发展的阻碍作用很大，当美国的数字贸易伙伴取消数字贸易壁垒时，美国的 GDP 将会实际增长 0.1～0.3 个百分点，国内就业岗位会增加超过 40 万个。2015 年美国通过了《贸易促进授权法》，在该法律中明确了未来数字贸易谈判的主要目标：第一，继续适用 WTO 电子传输免征关税条款；第二，禁止对跨境数据流限制，禁止实施本地化措施；第三，各国数字贸易标准要对接 WTO 相关规定，对数字贸易的各种待遇标准不得低于传统贸易待遇；第四，督促各国减少数字贸易限制和管控的立法及法规。

为实现其数字贸易国家战略目标，美国各部门、各组织均积极合力确保美国在全球的数字贸易引领者地位。2016 年，美国商务部宣布启动"数字专员"项目以应对其他国家的数字贸易壁垒，为美国企业和工人创造更多的经济利益和就业岗位；同年，美国众议院筹款委员会召开了"促进美国数字贸易发展和消除美国数字产品出口壁垒"的听证会；2016 年 7 月，美国贸易代表办公室（USTR）组建了美国数字贸易工作领导小组，从 2016 年开始，每年均发布《其他国家数字贸易壁垒评估报告》，及时分析评估其他国家的数字贸易壁垒障碍，并提出美国的应对举措；从 2016 年开始，美国商务部陆续在日本、欧盟、巴西、中国、印度等国家和经济体派驻数字贸易参赞；2018 年，美国国会联合经济委员会启动了"确保美国在全球的数字贸易领导地位"听证会；2018 年和 2019 年，美国国际贸易委员会（USITC）实地调查了美国企业与海外企业和海外消费者进行数字产品交易时面临的数字贸易壁垒问题，为双边、多边、区域数字贸易谈判做准备。

从美国国际贸易委员会（USITC）、美国贸易代表办公室（USTR）以及美国国会的数字贸易壁垒相关报告来看，美国在数字贸易的国际谈判中主要关注四大议题：一是本地化措施，各国为保护境内数据安全，常常采取本地化标准来限制跨境数据自由流动，要求数据设施、数据服务器及数据本身存储在本国境内，要求企业优先采购并使用本国的数据或服务。如此一来，便阻断了互联网、云计算等数据技术的传输和提供，美国企业的成本因而上升。因此美国在国际数字贸易谈判中主张，最重要的便是要求各国政府放弃采取本地化措施，实现跨境数据的自由流动。二是知识产权保护，美国的知识产权和专利数量全球最多，每年大量的知识产权侵权案件给美国带来了巨大的损失，因此美国极其强调知识产权保护，尤其是其中的源代码，主张禁止源代码泄漏，保护企业合法的商业竞争优势。另外，美国提出了"互联网中介责任保护规则"，即美国的互联网平台中若产生企业的知识产权侵权行为，互联网平台并不承担法律责任。三是网络内容审查，各国政府规定的互联网监管标准，常常会屏蔽掉美国的互联网网站及相关数字内容，延长了数据信息的传输时间，降低了美国企业数据和技术的流动效率，因此美国经常在国际谈判中强调简化互联网审查手续，保障数字贸易效率。四是数字贸易关税壁垒，美国强调数字贸易应该遵循 WTO 的规定，提出了电子传输的永久免关税的主张，并建议不仅仅是电子传输部分永久免关税，数据产品和服务也应该永久免征关税，实现数字贸易自由化。

近年来，美国积极参与到数字贸易相关国际事务中，推广其利益主张。2018 年，美国向 WTO 提交了关于数字贸易谈判的文件，呼吁各国（地区）取消数字贸易关税壁垒，给予数字产品公平的待遇，促进跨境数据自由流动，并保护知识产权等。在《美墨加三国协议》（USMCA）的谈判中，美国要求加拿大和墨西哥放宽对跨境数据自由流动的限制，取消实行本地化措施，保护源代码等。

3.3.2 "欧式模板"

除去美国之外，欧盟是数字经济发展的第二大经济体，其经济数字化程度也远远走在前列。为进一步促进数字贸易的发展，激发数字技术和互联网技术对其经济发展的带动作用，欧盟采取了一系列促进数字贸易发展的战略举措，并积极参与到了国际数字贸易新规则的制定之中。欧盟现有 27 个成员国，每个国家之间的利益差异使其难以有统一的数字贸易政策主张，因此欧盟的主要战略任务是协调整合各国的利益主张，建立欧盟统一的单一数字市场。

欧盟的数字产业发展战略起源于 20 世纪 90 年代，1993 年，欧盟在成立第三年就发布了《成长、竞争力与就业白皮书》，首次提出了建设网络基础设施，构建欧盟信息社会的主张。2000 年的"里斯本战略"中，欧盟提出要大力推动信息技术和通信技术的发展，重视电子医疗、电子政务、电子教育、网络零售的发展，强调以知识为基础，探索知识经济时代的新型创新，使欧盟发展成为最富活力和竞争力的经济组织。其中的 e - Europe（eEurope: an information society for all）2002 计划提出要建立快速安全的互联网，加强网络的推广和普及，使欧洲公民参与到网络发达的信息社会之中。e-Europe 2005 计划强调建立广泛的宽频基础设施，确保信息社会的网络连接，提高服务部门的现代化水平，使欧洲公民都有参与全球性信息社会的机会，之后在 2005 年的《i2010——欧洲信息社会：促进经济增长和就业》中进一步明确了建设信息社会的目标和举措。2010 年欧盟颁布的"欧盟数字议程"正式与数字经济接轨，该议程评估了数字产业壁垒、网络数据风险、研发动力不足、数字技术普及度较低等阻碍欧盟数字技术、信息技术发展的障碍，提出要加快在欧盟内部接入超快速互联网，完善数字技术和信息技术的标准，增强网络互信，加强网络监管，鼓励数字技术和信息技术创新、研发，建立一个能使各成员国实现优势共享的数字经济市场。

欧盟作为全球最大的经济组织，建立经济体内部统一数字贸易新规则的重要性不言而喻。为解决欧盟内部各成员国间的数字贸易法律差异、管制差异和政策协调，形成统一的数字贸易新规则，抓住全球中的数字经济发展机遇，2015 年，欧盟提出了《数字化单一市场战略》。该战略建立在三大支柱之上：首先，要打破欧盟内部国家间的数字贸易壁垒，使欧盟境内的公民和企业均能便捷地使用数字产品和服务；其次，完善数字技术发展所需的基础设施建设，形成良好的线上监管体系，建立一个公平、平等、竞争的网络环境，为欧盟内部数字网络和数字技术的发展提供良好的保障；最后，加大对物联网、云计算、大数据等方面的投资力度和研发创新力度，为产业发展提供更高级的数字产品和服务，挖掘欧盟内部数字经济的潜力。《数字化单一市场战略》也引发了诸多担忧，欧盟内部担忧该战略会更加符合美国企业的市场需求，而非欧盟内部企业，而且数字贸易发展中的大量数据流和信息流会产生数据安全的风险。

数字贸易的数据信息保护方面，欧盟一直走在其他国家前列。1995年开始，欧盟颁布的《数据保护指令》已开始规范各行业收集和使用公民个人数据的标准和规则，每个成员国以该指令为指导，制定本国独立的数据保护法律法规。2016 年，欧盟更新了《视听媒体服务指令》，对本地内容要求和互联网平台责任做出了新的规定。2015 年，欧洲议会和欧盟各成员国商定了新的数据保护协定《一般数据保护法案》。与《数据保护指令》不同，《一般数据保护法案》是直接的法律条文，并不是指导原则，欧盟所有成员国直接适用，是统一的数据保护单一规则。2018 年，该法案全面开始实施，该法案的颁布意味着欧盟对数据和信息的保护和监管达到了前所未有的高度。

3.3.3 "中式模板"

尽管中国数字贸易发展极其迅速，已成为数字贸易大国，但跟美国、欧盟相比，中国在数字贸易规则的制定上仍然较为缺乏经验。当前中国已在数据保护、网络安全、知识产权保护、市场准入、内容审查等方面做出了初步尝试。

本地化措施方面，根据 2016 年中国颁布的《网络安全法》，关键行业的重要数据、关系到国家安全的数据以及个人隐私数据应当在境内存储，若因业务需要，需要向境外传输这类数据，应根据国务院有关部门及国家网信部门制定的规则和法规进行数据安全性评估。随着数字贸易的发展，跨境数据传输流量越来越大，本地化措施也越来越常见。2007~2016 年，全球各国政府采取的本地化措施数量增长了一倍多。以美国为首的发达国家认为本地化措施限制了云计算、大数据、人工智能等数字技术的发展，美国在 2017 年和 2018 年的《对外贸易壁垒国家贸易评估报告》（National Trade Estimate Report on Foreign Trade Barriers）中，将本地化措施列为了主要的数字贸易壁垒。

市场准入方面，中国对外资准入设置了股比条件，采取了分类管理。外资进入中国需以合资的形式，增值电信业务方面，外商投资占比需在 50% 以下，云计算业务归类为增值电信业务，基础电信业务的股比略低于增值电信业务，为 49%。2017 年工信部对互联网网络接入服务作出了新的规定：跨境经营企业禁止租用或自行建立专线。最终产品方面，中国银行业多使用安全级别较高的数字技术和信息技术。

数字技术和互联网的发展在促进经济发展的同时，也成为盗版和侵权滋生的土壤。中国在知识产权保护水平上仍然落后于一些发达国家，与知识产权保护相关的法律法规也并不完善，尽管中国《著作权法》规定了在互联网平台传播未经著作权人许可的作品属于侵权行为，但在法律标准、执法力度等方面仍显不足。另外中国《信息网络传播权保护条例》规定互联网运营商对平台企业的侵权行为承担共同侵权的法律责任，这与美国等发达国家的"互联网中介责任保护规则"产生冲突，美国的"互联网中介责任保护规则"认为互联网平台企业的侵权行为对互联网运营商来说是不可预见的，因此不应承担法律责任。

互联网的发展也带来了网络犯罪的泛滥，相关数据统计，全球每年窃取商业机密、黑客攻击等网络犯罪行为会引起 4 千亿到 3 万亿美元的经济损失。为保护中国互联网安全，中国规定境内使用的网络基础设施要根据国内标准达到安全可控。另外，中国《密码法》《商用密码管理条例》《网络安全法》中对涉及的数字产品、服务以及密码技术均采用国内技术标准与国内加密标准。

互联网审查规定方面。为确保网络安全，过滤互联网非法内容，中国封堵或关停了部分国内外超链接地址（URL 地址）、互联网协议地址（IP 地址）和虚拟专线账号（VPN 账号）等，并加强了对网站信息数据的监管和审查。因中国屏蔽的网站中包含了谷歌、推特、Facebook 等网站，使这些企业失去了利润丰厚的中国市场，因而引发了企业所属国家的不满。

3.4　全球价值链分工的发展分析

随着国际分工的不断深化，产业结构越来越庞大，产品生产越来越复杂，全球生产网络的形成使以最终消费品为主的传统贸易逐渐转向了以零部件、半成品为代表的中间品贸易。与最终消费品相比，中间品在全球生产分工中可能需要跨境多次（余心玎等，2016），这更加提高了中间品贸易在国际全球总贸易中的比重。

图 3 - 4 是 2001～2018 年 OECD 36 个国家和中国等 28 个非 OECD 国家（地区）[①] 中间品贸易总额及中间品贸易在总贸易中占比的变化趋势图。由图 3 - 4 可以看出，中间品贸易额在 2001～2008 年间持续增长，金融危机后，2009 年出现下跌，2009 年之后虽恢复增长态势，但

----

① 28 个非 OECD 国家（地区）包括：阿根廷、巴西、文莱、保加利亚、柬埔寨、中国、哥伦比亚、哥斯达黎加、克罗地亚、塞浦路斯、中国香港、印度、印度尼西亚、哈萨克斯坦、马来西亚、马耳他、摩洛哥、秘鲁、菲律宾、罗马尼亚、俄罗斯、沙特阿拉伯、新加坡、南非、中国台湾、泰国、突尼斯、越南。

2011～2014年间中间品贸易额增长减缓，2015～2016年中间品贸易额再次下跌，2017年后才逐渐开始回升；从中间品贸易在总贸易中占比看，2005～2008年，中间品贸易在总贸易中的比重虽小有波动，但整体呈上升态势，受金融危机影响，2009年出现大幅下跌，2009～2011年恢复增长，但2011年之后，中间品贸易在总贸易中的比重持续降低，2017年和2018年才有小幅回升，说明全球价值链分工近年来波动较大。

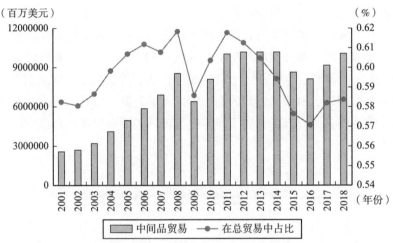

图3-4 2001～2018年中间品贸易总额及在总贸易占比变化趋势

资料来源：OECD, http://stats.oecd.org/, 笔者整理数据并计算。

在王等（Wang et al., 2013）研究的基础上，本书根据中间品生产的跨境次数，分别测算了简单价值链参与和复杂价值链参与指标，简单价值链参与是指中间品直接被进口国吸收，仅跨境一次的国际生产活动，复杂价值链参与是指中间品至少跨境两次，以满足国内或国外最终需求的跨境生产活动，包括本国增加值在中间品出口后又返回本国的部分和进口国对国外增加值再加工出口到其他国家的部分。图3-5是2010～2019年亚洲开发银行62个国家（地区）简单价值链参与与复杂价值链参与的平均变化趋势图，其中简单价值链参与是简单价值链参与中增加值占总产出的比重，复杂价值链参与则是复杂价值链参与中增加值占总产出的比重。

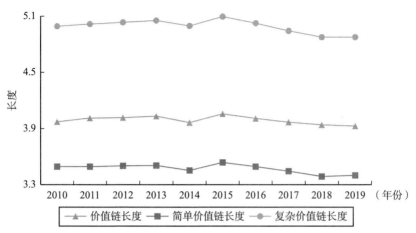

图 3 - 5　2010～2019 年简单价值链参与与复杂价值链参与的平均变化趋势

资料来源：对亚洲开发银行投入产出表数据进行年度平均计算而来。

由图 3 - 5 可知，从时间变化趋势来看，2010～2013 年，国际生产分工的蓬勃发展使三种价值链长度均处于增长趋势。但随着贸易保护等逆全球化思潮不断蔓延，发达国家制造业回流引发全球价值链、产业链重构，2015 年以后，三种价值链长度均出现缩短态势，其中，涉及多国（地区）生产的复杂价值链长度受到的影响最大，在 2015～2019 年下降得更快。

本书继续在王等（Wang et al.，2017b）的研究基础之上，测算"本国（地区）—贸易伙伴国—年份"三维层面上的增加值流动，运用参与全球价值链的国外增加值占比刻画全球生产分工。图 3 - 6 是利用 WIOD 投入产出表计算的 1995～2014 年国外增加值网络图。箭头指向、网络节点圆圈大小、网络线条密集程度、节点颜色深浅反映了价值链分工的不同特征。第一，箭头表示国外增加值的流动方向，箭头指向的国家（地区）是增加值的最终吸收国（地区），箭头指出的国家（地区）是增加值的来源国（地区）；第二，节点圆圈的大小表示流入和流出该国（地区）的线段数之和，圆圈越大，表明该国（地区）与其他国家（地区）的价值链分工联系越多；第三，网络线条的密集程度代表着全球价值链分工水平，网络线条密集度越高，说明全球价值链分工越细化；第四，节点圆圈颜色深浅反映了该国（地区）的中心度①，颜色越深，该国（地区）越趋于中心位置，说明该国（地区）与其他经济体联系越密切。

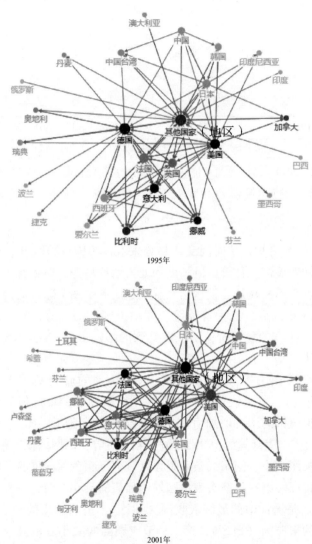

① 中心度基于节点间平均最短路径长度计算所得，具体公式为：$C(i) = \left[\sum\limits_{j=1}^{N} d(i, j) \right]^{-1}$，C 代表中心度，d 代表 i 国与 j 国的路径长度。

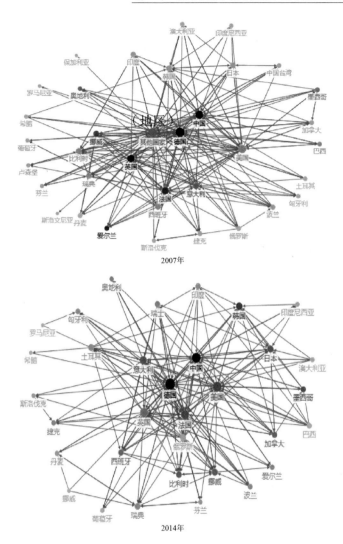

2007年

2014年

图 3 - 6　1995 ~ 2014 年国（地区）外增加值网络

注：WIOD 数据分 2013 版（1995 ~ 2011 年）和 2016 版（2000 ~ 2014 年）两个版本，后一个版本对行业分类更为细致，图 3 - 6 是经过行业层面加总所得到的国家（地区）层面数据。需要说明的是，本书计量回归所用的数据是基于本国—行业—出口市场—年份层面，为了保证数据的统一性，只使用 2000 ~ 2014 年的最新版本数据。

资料来源：WIOD, https://www.rug.nl/ggdc/valuechain/wiod，笔者手动整理数据并计算。

为避免线段过于密集所造成的混乱，本文拟选取国外增加值（FVA）大于 15 亿美元的情况。对比 1995 年、2001 年、2007 年和 2014 年国外增加值网络图，可以发现以下几个主要特征：首先，从网络密集程度看，1995~2007 年，网络结构变得越来越密集，说明 1995 年 WTO 的成立显著促进了各国（地区）贸易往来和生产分工，金融危机之前，世界各国（地区）全球价值链分工在逐步深化。但是与 2007 年相比，2014 年线段的密集度明显降低，说明金融危机后，全球价值链分工进程受到一定冲击，经济表现出了一定的逆全球化倾向。其次，从圆圈中心位置看，全球贸易中心发生转变。1995 年美国、德国等发达国家位于网络中心。2001 年后贸易中心呈现"多极化"趋势。中国在网络图中的位置变化较为明显。从 1995 年网络图的边缘位置移动到 2007 年、2014 年的中心位置，说明中国在全球价值链分工中的影响力逐渐增大。再次，从圆圈大小看，1995~2007 年各国（地区）流入和流出 FVA 的总量在不断增加。特别是中国的变化尤为明显，增加值流量跃居世界前列。但 2008 年金融危机后，各经济体增加值流量出现了明显下滑。最后，北美、亚洲和欧洲区域内增加值线段数量要明显多于区域外，说明国际生产分工呈现出明显的"区域链"特征。

3.5 本章小结

本章从数字经济、数字贸易壁垒、数字贸易规则构建和全球价值链分工方面进行了现状分析。数字经济方面，国家层面，发达国家领跑发展中国家，但发展中国家发展潜力较大。平均来说发达国家数字经济规模高于发展中国家，但发展中国家的数字经济增速已经超过发达国家，发展中国家正在不断缩小技术差距，在未来数字贸易的追逐战中潜力巨大。行业层面，行业渗透率差异化。近年来，各国产业数字化水平均呈增长趋势，且大多数国家的数字经济服务业渗透率高于工业渗透率，数字经济工业渗透率高于农业渗透率。企业层面，美国和中国拥有着全球绝大多数的互联网巨头企业，互联网巨头企业掌控着全球数字贸易的话语权，主导着数字贸易的发展方向。

数字贸易壁垒方面，WTO 下的电子传输免征关税提案在实践中具有不稳定性，数字贸易关税壁垒呈现越来越明显的趋势；数字贸易非关税壁垒主要包括：数据跨境流动限制、知识产权侵权、个人信息保护等方面。若国家之间未对数字贸易作出国民待遇承诺和市场准入允许，各国仍可以以各种歧视性的法律法规对贸易伙伴国的数字贸易主体设置不同的监管标准和市场准入标准，以非关税壁垒的形式限制数字产品和服务的贸易。

数字贸易规则构建方面，美国作为数字贸易的大国和强国，为维护其在数字贸易市场上的核心利益，一直致力于推进"数字传输永久免关税"、促进"跨境数据自由流动"和消除"互联网相关服务市场准入壁垒"、加强"知识产权保护"等议题；欧盟的数字贸易战略主要是统一各成员国数字贸易政策，建立欧洲单一数字市场，强化欧盟在国际数字贸易规则制定中的话语权；中国在数字贸易规则的制定上仍然较为缺乏经验，但目前已在数据保护、网络安全、知识产权保护、市场准入、内容审查等方面做出了初步尝试。

全球价值链分工方面，中间品贸易额及中间品贸易占比近年来出现了明显的下滑，2016 年之后，简单价值链占比上升，复杂价值链占比下降。2000～2007 年，全球价值链分工发展迅速，但 2008 年后，"逆全球化"现象明显，全球价值链分工受到冲击，全球生产网络呈现中心"多极化"趋势和"区域链"特征，中国在全球价值链分工中的位置变化较为明显，逐步成为全球生产网络的中心。

第 4 章　数字贸易壁垒与全球价值链分工的理论模型

本书以朗等（Long et al. , 2004）的研究为基础，构建了数字贸易壁垒与全球价值链分工的理论模型。本书理论模型拟比较分析四种情形，分别是封闭经济、商品可自由贸易的情形、商品和数字要素均可自由贸易的情形、存在数字贸易壁垒的情形。

4.1　封闭经济体

在封闭经济体中，共有两种最终产品，X 表示电脑，Y 表示玩具。劳动与数字服务是两种生产要素。为简化分析，本书假设玩具 Y 的生产只需劳动要素投入，且 Y 为计价商品，则：

$$Y = \frac{L_Y}{a_Y} \tag{4.1}$$

L_Y 为 Y 部门所雇佣的劳动数量，每生产一单位电脑需要 a_Y（$a_Y > 0$）单位劳动，则工资为 $\omega = 1/a_Y$。假设 X 的生产函数是 Leontief 形式，生产每单位 X 需要投入 k 种中间品，每种中间品各一单位，则 X 的生产函数可以表示为：

$$X = \min[Q_1, Q_2, \cdots, Q_k] \tag{4.2}$$

Q_i 为中间品 i 的数量。

用 π_i 表示中间品 i 的价格。假设最终品 X 处于完全竞争市场，则 X 的价格为：

$$P_X = \sum_{i=1}^{k} \pi_i \tag{4.3}$$

假设每单位中间品生产需要 e_i 单位的综合数字服务和一单位劳动，

综合数字服务由专业化数字服务构成，专业化数字服务的组合形式是 CES 形式，且封闭经济体中共有 n 种专业化数字服务。则综合数字服务的生产函数为：

$$S = \Big[\sum_{j}^{n} s_j^a \Big]^{1/a} \tag{4.4}$$

S 表示综合数字服务的数量，s_j 表示专业化数字服务 j 的数量，$0 < \alpha < 1$，在短期内，n 为外生。

假设中间品也处于完全竞争市场。p_j 表示专业化数字服务 j 的价格（$j = 1, 2, \cdots, n$），那么综合数字服务的单价可以表示为：

$$P_S = \Big[\sum_{j=1}^{n} p_j^{a/a-1} \Big]^{a-1/a} \tag{4.5}$$

假设所有的专业化数字服务均使用相同技术进行生产（对称性假设），那么所有的专业化数字服务价格相同：$p_j = p$，因此：

$$P_S = pn^{a-1/a} \tag{4.6}$$

那么每单位中间品 i 的价格为：

$$\pi_i = \omega + e_i P_S = \omega + e_i pn^{a-1/a} \tag{4.7}$$

假设有 n 家专业化数字服务公司，每家公司专门生产一种类型的专业化数字服务，劳动是唯一的生产要素。如果专业化数字服务公司 j 生产 s_j 单位的专业化数字服务 j，需要投入 $cs_j + f$ 单位的劳动。因此在专业化数字服务的生产中，固定成本是 $F = \omega f$，边际成本是 ωc，平均成本曲线随产量增加而递减，斜率为负。将中间品按照价格 π_i 的大小排序，现假设中间品连续，用 τ 表示，价格为 $\pi(\tau)$，假设 τ 位于区间 $[0, 1]$ 中，τ 越接近 1，表示中间品数字服务密集度越高，$\pi(\tau)$ 也就越大。相应地，X 的价格为：

$$P_X = \int_0^1 \pi(\tau) d\tau \tag{4.8}$$

$$\pi(\tau) = \omega + e(\tau) P_S \tag{4.9}$$

不失一般性，$e'(\tau) > 0$，为简化分析，假设：

$$e(\tau) = b\tau \tag{4.10}$$

这里 $b > 0$，$\pi(\tau)$ 可以变换为：

$$\pi(\tau) = \omega + \tau b P_S \tag{4.11}$$

4.2　商品可自由贸易的情形

假设全球只有两个国家，本国是 A 国，为发达国家，外国是 B 国，为发展中国家，所有消费者具有相同偏好，两国间中间品和最终品可进行自由贸易，数字服务要素不可贸易（之后会放开这一假设）。本国和外国劳动分别用 L 和 L^* 表示。A 国有 n 种专业化数字服务，B 国有 n^* 种专业化数字服务，通常发达国家专业化数字服务种类更为丰富，即 $n^* < n$。B 国的中间品价格曲线为：

$$\pi^*(\tau) = \omega^* + \tau b^* P_S^* \tag{4.12}$$

假设 A 国在 Y 的生产上有绝对优势，即，$\alpha_Y^* > \alpha_Y$。在自由贸易条件下：

$$1 = P_Y = \alpha_Y \omega = \alpha_Y^* \omega^* = P_Y^* \tag{4.13}$$

因此，在自由贸易均衡中，B 国的工资低于美国工资，即 $\omega^* < \omega$。

一般来说，A 国拥有更多类型的专业化数字服务公司（$n > n^*$），综合数字服务价格低于 B 国（$P_S < P_S^*$），中间品生产更有效率（$b < b^*$），所以斜率 $b^* P_S^* > b P_S$，因此两条曲线 $\pi^*(\tau)$ 和 $\pi(\tau)$ 会交于一点 τ_I，τ_I 位于 [0, 1] 区间内（见图 4-1）。

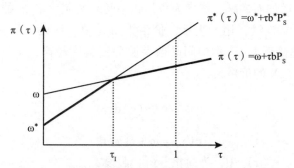

图 4-1　商品可自由贸易但数字服务不可贸易的情形

τ_I 是两条中间品价格曲线的交点，在该点处两国的生产成本相同：

$$\omega^* + b^* P_S \tau_I = \omega + b P_S \tau_I \tag{4.14}$$

得到 τ_I：

$$\tau_I = \frac{\omega - \omega^*}{b^* P_S^* - b P_S} \tag{4.15}$$

在 τ_I 左侧，B 国有中间品生产成本优势，在 τ_I 右侧，A 国有中间品生产成本优势。因此在中间品贸易中，B 国出口 $0 < \tau < \tau_I$ 部分的中间品，A 国出口 $\tau_I < \tau < 1$ 部分的中间品。即依据要素禀赋和规模经济理论，B 国出口劳动密集型中间品，A 国出口数字服务密集型中间品。由于数字服务产品不能贮存和转移，其生产、交换和消费具有即时性特征，资产专用性特征较高，根据不完全契约理论，资产专用性投资会面临被"敲竹杠"等不确定性风险，降低企业生产分工效率，阻碍全球价值链分工进程。

4.3   商品和数字服务均可自由贸易的情形

假设专业化数字服务要素可以进行自由贸易，且无运输成本，无数字贸易壁垒（稍后，我们会放松此假设）。数字服务的可贸易意味着所有数字服务的均衡价格都相同，且相同配置的数字服务在两国均可得。本部分假设两国数字服务重叠，全球一共有 n 种专业化数字服务，有一系列成双成对的专业化数字服务公司（一家在本国，一家在外国）提供相同的专业化数字服务。如果每对专业化数字服务公司是 Bertrand 竞争模式。数字服务自由贸易条件下，本地市场效应消失，任何成对公司的专业化数字服务，将由价格最低的数字服务公司供应全球市场。专业化数字服务可贸易条件下，本国综合数字服务的生产函数为：

$$S = \left[\sum_j \left(s_j + s_j^* \right)^a \right]^{1/a} \tag{4.16}$$

价格是：

$$P_S = \left\{ \sum_{j=1}^{n^f} \left[\min(p_j, p_j^*) \right]^{a/a-1} \right\}^{a-1/a} \tag{4.17}$$

n^f 表示自由贸易时，世界上总共的专业化数字服务数量。

因此，当数字服务可自由贸易，两国数字服务的价格和可得数量相同，这意味着，两国综合数字服务的价格相同。综合数字服务的全球价格用 P_{SW} 表示，显然，$P_S^* > P_S > P_{SW}$。τ_I^+ 是两条新的中间品价格曲线的交点。求解 τ_I^+：

$$\omega^* + \tau_I^+ b^* P_{SW} = \omega + \tau_I^+ bP_{SW} \tag{4.18}$$

得出 τ_I^+ :

$$\tau_I^+ = \frac{\omega - \omega^*}{b^* P_{SW} - bP_{SW}} \tag{4.19}$$

比较 τ_I 与 τ_I^+ 。已知 $P_S^* > P_S > P_{SW}$ 且 $b^* > b$ ，即 $(P_S^* - P_{SW}) > (P_S - P_{SW})$ ，所以：

$(b^* P_S^* - bP_S) - (b^* P_{SW} - bP_{SW}) = b^* (P_S^* - P_{SW}) - b(P_S - P_{SW}) > 0$ ，所以 $\tau_I < \tau_I^+$ 。

如图 4-2 所示，因为数字服务可自由贸易条件下，发展中国家综合数字服务价格的下降幅度 $(P_S^* - P_{SW})$ 大于发达国家的价格下降幅度 $(P_S - P_{SW})$ ，且 $b^* > b$ ，所以，发展中国家的中间品价格曲线斜率降低更多，两条新的中间品价格曲线交于 τ_I^+ 点， $\tau_I^+ > \tau_I$ 。依据国际外包理论，B 国出口 $[0, \tau_I^+]$ 部分的中间品，A 国出口 $[\tau_I^+, 1]$ 部分的中间品，发达国家制造业外包增多，所以数字贸易自由化促进了全球价值链分工，推动了全球经济的发展。

50

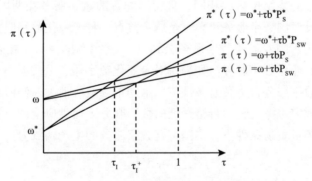

图 4-2　商品和数字服务均可自由贸易的情形

4.4　存在数字贸易壁垒的情形

现实情况下，发展中国家一般会设有比较严格的数字贸易壁垒，而发达国家的数字贸易壁垒较低。此时，本国综合数字服务的价格不变，而外国综合数字服务价格上升至 P_S' 。这样，两国曲线交点将左移至 τ_I' ，在外国生产的中间品将会缩减（见图4-3）。所以数字贸易壁垒的存在减少了全球价值链分工，可以推测：发展中国家较高的数字贸易壁垒减少了发达国家的制造业外包，一定程度上减缓了全球价值链分工进程。进而得到本书的核心命题1和命题2。

命题1：数字贸易壁垒的存在阻碍了全球价值链分工；

命题2：数字贸易壁垒对发展中国家全球价值链分工的阻碍作用一般大于发达国家。

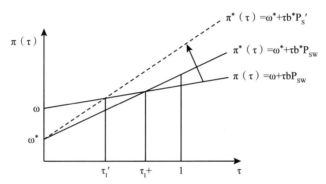

图4-3　发展中国家数字贸易壁垒高于发达国家的情形

数字贸易壁垒的存在势必会对不同制造业投入服务化程度的行业产生不同的影响。据此本书进一步将制造业分为两类，如图4-4所示，将外国的制造业分为两类：制造业投入服务化水平较高的行业和制造业投入服务化水平较低的行业。τ越靠近1，表示中间品服务要素投入密集度越高，越靠近0，表示中间品服务要素投入密集度越低。$\pi_1^*(\tau) = \omega^* + \tau b_1^* P_{sw}$表示制造业投入服务化水平较高行业的中间品价格曲线，$\pi_2^*(\tau) = \omega^* + \tau b_2^* P_{sw}$表示制造业投入服务化水平较低行业的中间品价格曲线，分别与本国中间品价格曲线交于τ_1、τ_2两点（$\tau_1 > \tau_2$）。数字要素绝大多数属于服务要素，因此数字贸易壁垒的存在使得外国服务价格上升至P_s'，此时，两类行业的中间品价格曲线向上旋转，如图4-4虚线所示，分别与本国中间品价格曲线交于τ_1'、τ_2'两点（$\tau_1' > \tau_2'$）。（$\tau_1 - \tau_1'$）表示数字贸易壁垒对制造业投入服务化水平较高行业价值链分工的影响，（$\tau_2 - \tau_2'$）表示数字贸易壁垒对制造业投入服务化水平较低行业价值链分工的影响。则制造业投入服务化水平较高的行业与制造业投入服务化水平较低行业的相对变化为：

$$\frac{\tau_1 - \tau_1'}{\tau_2 - \tau_2'} = \frac{b_1^*}{b_2^*} \times \frac{\tau_1 \tau_1'}{\tau_2 \tau_2'} = \frac{b_1^* (b - b_2^*)(b P_{SW} - b_2^* P_S')}{b_2^* (b - b_1^*)(b P_{SW} - b_1^* P_S')} \quad (4.20)$$

令 $P_S' = M P_{SW}$，因 $P_S' > P_{SW}$，所以 $M > 1$，代入上式约分，分子减分母得：

$$(b_1^* - b_2^*)(b^2 - b_1^* b_2^* M) \quad (4.21)$$

因为 $b_2^* > b_1^* > b$，因此，式（4.21）大于 0，即：

$$\frac{\tau_1 - \tau_1'}{\tau_2 - \tau_2'} > 1 \quad (4.22)$$

因此，$(\tau_1 - \tau_1') > (\tau_2 - \tau_2')$（具体证明见附录 A），进而得到本书的核心命题 3。

命题 3：制造业投入服务化水平越高，数字贸易壁垒对该行业全球价值链分工的阻碍作用越大。

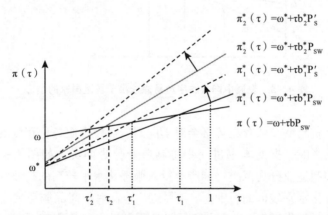

图 4 - 4　数字贸易壁垒对高、低制造业投入服务化行业价值链分工影响的差异性

4.5　本　章　小　结

本书以朗等（Long et al.，2004）的研究为基础，构建了数字贸易壁垒与全球价值链分工的理论模型。本书理论模型拟比较分析四种情形，分别是封闭经济、商品可自由贸易的情形、商品和数字服务均可自由贸易的情形、存在数字贸易壁垒的情形。

本章首先分析了封闭经济体条件下，假设产品生产只需要投入劳动和数字服务，产品 X 的生产需要 k 种中间品，需要投入劳动和数字服务，产品 Y 的生产只需要投入劳动，推导出完全竞争市场中产品 X 和产品 Y 的均衡价格及中间品价格曲线 $\pi(\tau)$；然后放松封闭经济体条件，中间品和最终品可进行自由贸易，数字服务不可贸易，假设全球只有两个国家，本国是 A 国，外国是 B 国，A 国在 X 的中间品生产中更具优势，得出 B 国出口劳动密集型中间品，A 国出口数字服务密集型中间品的结论；在数字服务也可以自由贸易的条件下，全球综合数字服务的价格相同，发达国家外包增多，数字贸易的自由化促进了全球价值链分工；最后引入存在数字贸易壁垒的情形，现实情况下，发展中国家一般会设有比较严格的数字贸易壁垒，而发达国家的数字贸易壁垒较低，发展中国家综合数字服务价格上升，发展中国家较高的数字贸易壁垒减少了发达国家的外包，一定程度上减缓了全球价值链分工进程。

经过本章理论模型的构建和推导，得到了本书的核心命题：

命题1：数字贸易壁垒的存在阻碍了全球价值链分工；

命题2：数字贸易壁垒对发展中国家全球价值链分工的阻碍作用一般大于发达国家。

命题3：制造业投入服务化水平越高，数字贸易壁垒对该行业全球价值链分工的阻碍作用越大。

53

第5章 数字贸易壁垒对全球价值链 分工的影响效应：基准分析

5.1 计量模型

本书通过构建"本国—行业—伙伴国—年份"四维面板数据，建立了如下计量模型，自变量是数字贸易壁垒，因变量是全球价值链分工：

$$GVC_{ijkt} = \beta_0 + \beta_1 DSTRI_{ijt} + \beta Controls + v_j + v_k + v_t + \varepsilon_{ijkt} \quad (5.1)$$

其中，i、j、k 和 t 分别表示本国、伙伴国、行业和年份，GVC_{ijkt} 代表 t 年 i 国 k 行业对 j 国的全球价值链分工水平；解释变量 $DSTRI_{ijt}$ 表示 t 年 i 国与 j 国的平均数字贸易壁垒水平；Controls 代表控制变量，具体包括：引力模型控制变量（本国 GDP、伙伴国 GDP、与伙伴国距离、FTA 是否生效、关税）、国家/行业控制变量（劳动生产率、资本生产率、行业 FDI 监管水平）；v_j、v_t 和 v_k 分别表示伙伴国固定效应、时间固定效应和行业固定效应。为降低异方差，除虚拟变量外，所有变量均取对数，此外，文中回归均经过 cluster 处理。

5.2 指标度量

全球价值链分工：关于全球价值链分工的测度，哈姆斯等（Hummls et al.，2001）、库普曼等（Koopman et al.，2010）、约翰逊和诺格拉（Johnson and Noguera，2012）及王等（Wang et al.，2013；2017a；2017b）等研究均产生了重要影响，VS、VS1 及 VAX ratio 等成为量化全球价值链分工的重要指标。本书在诸多研究的基础上，结合库普曼等

（Koopman et al.，2010）提出的 GVC_Participation 指标和王等（Wang et al.，2013）对出口增加值的分解方法共同构建了全球价值链分工指标。当然王等（Wang et al.，2017b）对全球价值链分工作出了更为细致的量化，但鉴于其指标无法追溯伙伴国，因此只作为下文稳健性检验的部分。

库普曼等（Koopman et al.，2010）将总出口分为五部分：最终品出口中的本国增加值、中间品出口中的本国直接增加值、中间品出口中的本国间接增加值、返回增加值及国外增加值，提出了以中间品出口中本国间接增加值与国外增加值的比重来表示全球价值链水平的方法：

$$GVC\_Participation_{ir} = \frac{IV_{ir}}{E_{ir}} + \frac{FV_{ir}}{E_{ir}} \tag{5.2}$$

其中，IV_{ir} 表示 r 国 i 部门在中间品出口中本国增加值被进口国吸收后加工成最终产品出口到第三国的部分，FV_{ir} 为 r 国 i 部门出口中国外增加值的部分，E_{ir} 为 r 国 i 部门总出口。若一国一部门的出口中，该部门中间品出口中本国间接增加值和国外增加值比重较大，则表示该部门全球价值链分工水平越高，反之则反是。

王等（Wang et al.，2013）在 VS、VS1、VAX ratio、KWW 方法的基础上，对出口做了更加细致的分解，分解出了重复计算的部分，并将增加值分解细化到国家双边层面和行业层面，更加细致准确地表明了增加值的来源和流向，具体如图 5-1 所示。

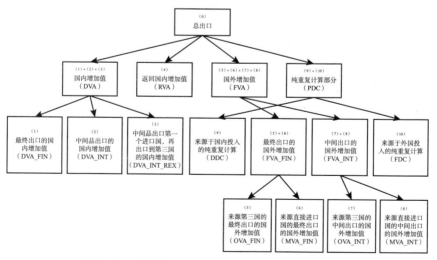

图 5-1　王等（Wang et al.，2013）的出口分解方法

对比两种分解方法，本书通过亚洲开发银行（ADB）数据计算出 2014～2017 年 37 国[①]的行业出口增加值，以库普曼等（Koopman et al.，2010）的指标度量方法和王等（Wang et al.，2013）的出口分解方法，构建了如下全球价值链分工指标：

$$GVC_{ijkt} = \frac{DVA\_intrex_{ijkt} + FVA_{ijkt} + PDC_{ijkt}}{E_{ijkt}} \qquad (5.3)$$

其中，i、j、k 和 t 分别表示本国、伙伴国、行业和年份。DVA_intrex 表示中间品出口中本国增加值被进口国吸收后加工成最终产品出口到第三国的部分，即图 5-1 中的第（3）部分，FVA 为国外增加值，为王等（Wang et al.，2013）中的（5）+（6）+（7）+（8）部分，PDC 为纯重复计算部分，即（9）+（10），E 为总出口。以 DVA_intrex、FVA 和重复计算占总出口的比重表示一国全球价值链分工水平，如果比率越高，说明价值链分工水平越高，反之则越低。有的学者认为返回增加值也属于价值链分工（跨境两次以上），本书在稳健性检验中也加入返回增加值，计量结果依然稳健。本书计算发现，返回增加值的比重较小（小于 5%），因此对结果没有影响，限于本书篇幅未予报告。

数字贸易壁垒：OECD 是目前较少的公布数字贸易壁垒量化指标的国际组织，其数字贸易限制指数（DSTRI）用于识别、分类和量化影响数字贸易的跨领域壁垒，填补了一些数字贸易壁垒的数据空白。它包括两个组成部分：监管数据库和指数数据库，它们汇集了 46 个国家/经济体的数字贸易壁垒信息，数据已覆盖到 2014～2018 年。OECD 的数字贸易壁垒指标构建框架分为五部分：基础设施与连接、电子交易、支付系统、知识产权和其他数字贸易壁垒。该指数以上海经济合作组织服务贸易壁垒指标的构建方法为基础，旨在建立一个帮助决策者识别监管瓶颈，促进数字贸易市场更加多样化和竞争性的政策数据库。

上海经济合作组织的服务贸易限制指数由频度分析法发展而来（Hoekman，1995），目前已经量化了 22 个服务部门的限制措施，其中包括一些跟数字化直接相关的部门，如计算机、视听、分销、金融和电信服务。数字贸易壁垒通过采用整体量化方法，侧重量化了影响数字贸易的跨领域障碍。整体量化方法的数据主要来自公开的政策信息、法律

---

① 两个数据库合并后，因数据缺失，已删除中国香港和中国台湾地区。

法规。数字贸易壁垒的构建包括三个步骤：评分、加权和加总。评分是收集各部门—模式的政策措施，将定性信息转化为定量数据，五大类政策内的措施几乎涵盖数字贸易交易时所可能遇到的所有障碍。加权是确定特定措施所产生贸易限制的水平，平衡这些措施的相对重要性，加总是最后一步，按照设定的权重，对各部门—模式的分值进行加总，计算出总的限制指数。

数字贸易壁垒的评分量化原遵循的是二进制法，即存在行业限制，分值即为 1；不存在行业限制的，分值即为 0。关于权重的分配，则是根据这些限制在数字贸易中的相对重要性，根据各自对相关行业的重要性由专家组决定（Geloso Grosso et al.，2015）。根据这一方案，要求专家在上述五个政策领域中分配 100 分。调查报告主要分发给专家组会议（2017 年 2 月组织）的与会者、经合组织服务贸易研究的国家代表团以及贸易委员会经合组织工作组的其他与会者。然后，将调查答复转化为权重，方法是将政策领域的权重分配给属于该领域的每项措施，并更正政策领域下措施数量的差异。通过使用随机权重对 3000 个模拟进行实验，测试了指标对加权方案的敏感性。

本书的数据贸易壁垒数据来自 OECD 数字贸易壁垒指数数据库，通过跟亚洲开发银行（ADB）数据库合并，选取了两个数据库重合的 37 个国家，样本年份是 2014~2017 年，通过对双边国家数字贸易壁垒进行简单平均，构建了双边维度的数字贸易壁垒指数：

$$\text{DSTRI}_{ijt} = \frac{\text{DSTRI}_{it} + \text{DSTRI}_{jt}}{2} \tag{5.4}$$

其中，DSTRI_{ijt} 表示国家 i 和国家 j 在 t 年的双边数字贸易壁垒指数，DSTRI_{it} 和 DSTRI_{jt} 则分别表示 t 年 i 国和 j 国的数字贸易壁垒指数。

控制变量：包括引力模型变量和国家/行业特征变量，具体测度方法如下：

本国 GDP、伙伴国 GDP：GDP 是引力模型中必不可少的关键变量（Henderson et al.，2002）。国家经济规模决定市场厚度（thickness），市场厚度越大，生产的规模经济越明显，产业内贸易程度就越高。在当前全球生产分工体系下，国际生产分工是一种"任务贸易"（Grossman and Rossi – Hansberg，2008），GDP 越大，产业内和企业间的"任务贸易"越频繁，分工越细化。因此，加入本国和伙伴国 GDP 作为控制变量。

与伙伴国距离：与贸易伙伴国距离指标包括地理距离和制度、文化距离。保罗·萨缪尔森（Paul Samuelson）的"冰山理论"中提出产品运输就像冰山移动，在运输过程中会"融化"掉一部分，根据新经济地理理论，冰山运输成本与地理距离直接相关，距离越近，融化成本就会越低（Krugman，1991），因此地理距离近的国家间贸易流量一般较高；制度和文化距离同样也是影响贸易成本的重要因素，国家间的制度和文化差异越小，越能降低贸易中的信息搜寻成本、交易成本以及贸易不确定性。一般来说，地理距离越近，制度和文化距离一般也会越小。因此国际生产分工更多地在地理邻近的区域集聚，如美国与加拿大，以及欧盟成员国之间贸易联系更为紧密。当前价值链体系并不是真正意义上的"全球链"，而是一种地理邻近的"区域链"（Timmer et al.，2014），北美、亚洲、欧洲是当前最主要的三大区域链。

FTA 是否生效：FTA 对全球价值链分工的影响存在两个较为明显的机制。一是交易成本效应。FTA 成员国之间的低关税，大大降低了内部贸易分工的交易成本，有利于 FTA 内部序贯分工模式的形成，进而促进全球价值链分工；二是制度协调效应。基于制度经济学和契约理论，资产专用性特征及不完全契约的存在大大增加了中间品贸易被"敲竹杠"风险，如此一来，中间品贸易会被无效率地降低（Antràs and Staiger，2012）。而 FTA 的签订有利于成员国之间进行贸易政策和贸易条款的协调，能有效降低成员国间"敲竹杠"的概率（丘东晓，2011），进而促进国际生产分工细化。

关税：关税作为重要的贸易边界效应变量，对国际生产分工的影响不言而喻（Wei，1996；Poncet，2003）。关税削减将会促进两国间生产分割的进一步细化（Timmer et al.，2013）。世界银行 WITS 数据库中的加权平均进口关税指标（AHS Weighted Average）以相应的贸易额占比作为权重量化平均进口关税水平，本书选取该指标作为控制变量。

劳动生产率：根据古典贸易理论，劳动生产率代表了一国的比较优势。通常，劳动生产率较高的国家（地区）会外包劳动密集型生产工序，而劳动生产率较低的国家（地区）则会外包资本密集型或技术密集型生产工序（Wllhelm，2002）。基于此，加入以人均 GNP 衡量的劳动生产率作为控制变量（张金昌，2002）。

　　资本产出率：资本要素禀赋是一国竞争优势的重要来源。一般来说，一国资本要素越丰富，产业资本密集度越高，在最终品贸易或中间品贸易中的出口竞争优势也就越高，会直接影响该国的全球价值链分工水平及在国际生产分工中的地位。因此本书引入资本产出比率控制变量。

　　行业 FDI 监管水平：跨国公司一直以来就是传统贸易的主导者，随着全球生产网络的形成，跨国公司也在离岸外包中扮演了重要角色，加速了全球价值链分工的进程（Kneller and Pisu，2004；柴敏，2006）。跨国公司在传统贸易和中间品贸易中起到了良好的连接作用，有利于规避市场风险，减少贸易不确定性，降低贸易成本，提高市场交易效率，能大大促进全球价值链分工的专业化与协作化。而外国直接投资规则会直接影响跨国公司的投资决策，因此本书引入行业 FDI 监管水平作为控制变量。

　　OECD 数据库中外国直接投资管制限制指数衡量了 22 个经济部门对外商直接投资的限制措施。对外商直接投资的限制主要有四种形式：外国股权限制；限制雇用外国人作为关键人员；歧视性筛选或批准机制；其他业务限制，例如，对分支机构、资本返还或外国企业土地所有权的限制。限制指数在［0，1］区间内，0 代表完全开放，1 代表完全限制。总体限制性指数是部门得分的平均值。

5.3　内生性问题及处理

　　反向因果和遗漏变量易产生内生性问题。例如，若两国间的全球价值链分工水平较高，那么两国可能倾向于制定更开放的数字贸易政策，反之则反是。内生性问题的存在将会导致有偏的估计结果。鉴于此，我们需要寻找合适的工具变量解决估计模型的内生性问题。

　　本书参照赫尔普曼（Helpman，1987）、贝弗雷利等（Beverelli et al.，2017）的研究，使用与国家 i 不在同一个 FTA，且不属于同一个地理区域的国家 c(c≠i) 的数字贸易壁垒的加权平均作为国家 i 数字贸易壁垒的工具变量，权数是两国人均 GDP 计算的相似指数（Helpman，1987），国家 i 和国家 j 的数字贸易壁垒工具变量简单平均作为双边国家数字贸易壁垒水平的工具变量。工具变量构造如下：

$$\text{DSTRI}_{ijt}^{IV} = \frac{\text{DSTRI}_{it}^{IV} + \text{DSTRI}_{jt}^{IV}}{2}$$

$$\text{DSTRI}_{it}^{IV} = \sum_{c} \text{DSTRI}_{ct} \times \text{SI}_{ic} \qquad (5.5)$$

$$\text{SI}_{ic} \equiv 1 - \left\{ \frac{\text{pcGDP}_i}{\text{pcGDP}_i + \text{pcGDP}_c} \right\}^2 - \left\{ \frac{\text{pcGDP}_c}{\text{pcGDP}_i + \text{pcGDP}_c} \right\}^2 \qquad (5.6)$$

其中，DSTRI_{ijt}^{IV}、DSTRI_{it}^{IV}、DSTRI_{jt}^{IV}分别表示 i 国和 j 国的双边数字贸易壁垒工具变量、i 国数字贸易壁垒工具变量、j 国数字贸易壁垒工具变量。SI_{ic} 是国家 i 和国家 c 人均 GDP 的相似指数（Helpman，1987），当国家 c 与国家 i 的经济发展水平相近时，相似指数较大，会赋予国家 c 的数字贸易壁垒指数更大的权重；如果国家 c 与国家 i 的经济发展水平差距较大，相似指数较小，会相应削弱国家 c 数字贸易壁垒指数的权重。原理是，如果两国的人均 GDP 水平相近，那么更可能有相似的产业结构和贸易政策，通过对国家 c 的数字贸易壁垒指数赋予更大权重，可以增强该工具变量的有效性；如果两国的人均 GDP 水平差距较大，那么两国可能会有不同的产业结构与贸易政策，国家 c 的数字贸易壁垒水平与国家 i 的差异可能较大，较小的权重同样增强了该工具变量的有效性。在得出国家 i 和国家 j 的数字贸易壁垒工具变量后，对两者简单平均得到了国家 i 和国家 j 的双边数字贸易壁垒工具变量。

本书选择该工具变量的原因如下：首先，随着经济全球化的发展，国家间经贸联系在增强，同时也产生了一定程度上的政策同步性，比如，金融危机前，贸易自由化盛行，贸易协定纷纷涌现，各国积极参与到贸易协定的谈判中，削减贸易壁垒，而金融危机过后，各国纷纷采取"以邻为壑"政策，进行贸易保护。该工具变量一定意义上代表了当年世界数字贸易壁垒的加权平均水平，因此会对国家 i 和国家 j 的数字贸易壁垒水平产生重要影响。其次，为了满足该工具变量对被解释变量全球价值链分工的外生性要求，指标构造时剔除了两类样本，一是同属于一个 FTA 的国家，二是同属于一个地理区域的国家。剔除这两类国家是因为 FTA 下，成员国之间的贸易政策联系紧密，成员国 c 的数字贸易政策可能会在互惠协议或者其他谈判背景下，与成员国 i 的数字贸易政策产生趋同，从而直接影响成员国 i 的全球价值链分工水平；而同属于一个地理区域的相邻国家同样存在因贸易联系紧密，贸易政策对彼此价值链分工参与产生直接影响的问题，而除此之外的其他国家，因为地理距离较远及贸易量较少等原因，大多不会对国家 i 和国家 j 的数字贸易政策及全球价值链分工产生直接影响，因此，该工具变量满足外生性条件，与国家 i 对国家 j 的价值链分工并不具有直接相关性。另外，本书的大样本也会增加该工具变量的有效性（Wooldridge，2002）。

除此之外，在众多内生性问题研究的基础上，本书还采用了双边数字贸易壁垒首期（2014 年双边数字贸易壁垒水平）、（t−1）期、差分形式［t 期−（t−1）期］、降年份维度至双边维度解决内生性问题，计量结果在实证分析部分展示。

5.4 数据来源

本书核心解释变量是数字贸易壁垒，数据来源于 OECD 数字贸易壁垒指数数据库，数据时间范围为 2014～2018 年。核心被解释变量为全球价值链分工，数据来自亚洲开发银行（ADB）数据库，数据时间范围为 2000～2017 年。两个数据库合并之后，国家共计 37 个，行业数目为 35 个，样本时间为 2014～2017 年 4 年，本书主回归的数据结构为"本国—行业—伙伴国—年份"四维层面，因此观测值总量为 186480 = 37 × 35 × 36 × 4。主要变量的描述性统计和数据维度来源分别见表 5−1 和表 5−2。

表 5−1 描述性统计

变量名称	观测值	均值	标准差	最小值	最大值
全球价值链分工	186480	43. 29	32. 83	0	126. 13
数字贸易壁垒	186480	0. 16	0. 07	0. 07	0. 45
本国 GDP	186480	1. 78e + 12	3. 41e + 12	2. 29e + 10	1. 95e + 13
伙伴国 GDP	186480	1. 78e + 12	3. 41e + 12	2. 29e + 10	1. 95e + 13
与伙伴国距离	186480	5143. 32	4469. 80	160. 93	17981. 98
FTA 是否生效	186480	0. 51	0. 50	0	1
关税	186480	2. 98	3. 95	0	15. 06

变量名称	观测值	均值	标准差	最小值	最大值
劳动生产率	186480	33681.89	22444.16	1560	104540
资本产出率	186480	22.70	5.56	11.54	45.23
行业 FDI 监管水平	186480	0.07	0.15	0	1

注：描述性统计中的数值均是原值，本国 GDP、伙伴国 GDP、劳动生产率的单位是"美元"，与伙伴国距离的单位是"千米"，是否生效 FTA 是虚拟变量，全球价值链分工、关税和资本产出率的单位是"%"，数字贸易壁垒和行业 FDI 监管水平是 [0, 1] 范围内的政策得分水平。本书使用"本国—行业—伙伴国—年份"四维层面数据，对应观测值数应为：$37 \times 35 \times 36 \times 4 = 186480$，数据库合并后，因数据缺失，不包括中国香港和中国台湾的样本。

表 5 – 2　　　　　　　　　　数据维度及来源

	测度指标	数据维度	数据来源	具体网址
全球价值链分工	KWW、WWZ、WWYZ 方法	"本国—行业—伙伴国—年份"四维	ADB	https：//data. adb. org/search/type/dataset? query = INPUT&sort _by = changed&sort_order = DESC
数字贸易壁垒	频度分析法	"本国—伙伴国—年份"三维	OECD	https：//stats. oecd. org/
引力模型控制变量	本国 GDP	"本国—年份"二维	WDI	http：//data. worldbank. org/data - catalog/world – development – indicators/
	伙伴国 GDP	"伙伴国—年份"二维	WDI	http：//data. worldbank. org/data - catalog/world – development – indicators/
	与伙伴国距离	"本国—伙伴国"二维	CEPII	http：//www. cepii. fr/CEPII/en/bdd _modele/bdd. asp
	FTA 是否生效	"本国—伙伴国—年份"三维	WTO	https：//www. wto. org/english/tratop _e/region_e/region_e. htm
	关税	"本国—年份"二维	WITS	https：//wits. worldbank. org/
国家行业特征变量	劳动生产率	"本国—年份"二维	WDI	http：//data. worldbank. org/data - catalog/world – development – indicators/
	资本产出率	"本国—年份"二维	WDI	http：//data. worldbank. org/data - catalog/world – development – indicators/
	行业 FDI 监管水平	"本国—行业—年份"三维	OECD	https：//stats. oecd. org/

5.5　基准回归结果

在库普曼等（Koopman et al.，2010）和王等（Wang et al.，2013）的研究基础上，本书利用亚洲开发银行（ADB）投入产出数据进行了增加值分解，构建了"本国—行业—伙伴国—年份"四维全球价值链分工指标，研究数字贸易壁垒对全球价值链分工的影响。

表 5-3 报告了基准回归的估计结果。第（1）列不加入控制变量，仅用数字贸易壁垒对全球价值链分工进行回归，系数显著为负，说明数字贸易壁垒对全球价值链分工具有阻碍作用，第（2）列加入了引力模型控制变量（本国 GDP、伙伴国 GDP、伙伴国距离、FTA 是否生效和关税），第（3）列加入了国家/行业特征变量（劳动生产率、资本产出率、行业 FDI 监管水平），在逐步加入控制变量后，数字贸易壁垒的系数依然显著为负，本书理论模型中的结论得到了证实，数字贸易壁垒阻碍了全球价值链分工。

表 5-3　　　　　　　　　　基准回归结果

变量	（1）	（2）	（3）
数字贸易壁垒	-0.6009 *** （-40.7168）	-0.2051 *** （-13.8475）	-0.1259 *** （-7.9113）
本国 GDP		-0.0218 *** （-16.7216）	-0.0237 *** （-12.5596）
伙伴国 GDP		-0.0270 *** （-20.4030）	-0.0290 *** （-22.0682）
伙伴国距离		-0.0190 *** （-17.9774）	-0.0165 *** （-12.9710）
FTA 是否生效		0.0033 ** （2.0227）	0.0059 *** （2.6344）
关税		-0.0127 *** （-6.3954）	-0.0055 ** （-2.3873）

变量	（1）	（2）	（3）
劳动生产率			0. 0197 *** （5. 7814）
资本产出率			0. 0705 *** （7. 5875）
行业 FDI 监管水平			- 0. 2108 *** （ - 2. 9514）
常数项	0. 5167 *** （43. 1670）	1. 9454 *** （34. 8912）	1. 6106 *** （28. 0503）
行业固定效应	是	是	是
伙伴国固定效应	是	是	是
时间固定效应	是	是	是
观测值	186480	186480	186480
R^2	0. 0762	0. 0762	0. 0762

注：括号内是经过 cluster 处理后的 t 值；*、**、和 *** 分别代表 10%，5% 和 1% 的显著性水平，下同。

关于控制变量的回归系数。伙伴国距离显著为负，两国距离越远，越不利于全球价值链分工的进行，符合预期。FTA 是否生效的估计系数显著为正，说明两国 FTA 的生效会明显增加两国贸易分工的深度。关税的估计系数显著为负，说明较高的关税仍然是阻碍全球生产分割的重要因素。劳动生产率的系数显著为正，新新贸易理论的代表性人物梅尔策（Melitz，2003）认为，企业生产率越高，进入国际市场的可能性越大。同样在国家层面，一国生产率越高，其承接价值链分工的能力越强。资本产出率的系数显著为正，资本要素禀赋是一国竞争优势的重要来源，资本产出比率越高，在最终品贸易或中间品贸易中越有竞争优势，有利于提高全球价值链分工水平。行业 FDI 监管水平显著为负，外商直接投资仍是全球价值链分工的重要驱动力量，行业外商投资监管水平越严格，与其他国家价值链 "链接" 越受阻碍。

5.6 稳健性检验

本书的稳健性检验分为两类：指标度量的稳健性检验和计量方法的稳健性检验。

指标度量的稳健性检验是通过使用数字贸易壁垒和全球价值链分工的替代性指标实现的。首先，本书以 OECD 公布的各国数字贸易壁垒水平为基础，使用 OECD 公布的数字贸易壁垒异质性指数作为数字贸易壁垒的替代指标，OECD 的数字贸易壁垒异质性指数是数字贸易壁垒指数的补充，利用数字贸易壁垒监管数据库中的丰富信息，根据对双边国家数字贸易相关措施的评估而建立的，计量结果在表 5 - 4 第（1）列展示。其次，本书分别以王等（Wang et al.，2017b）的前向、后向全球价值链参与作为全球价值链分工的替代性指标，计量结果在表 5 - 4 第（2）列和第（3）列展示。

表 5 - 4 　　　　　　　　　　指标度量的稳健性检验一

变量	（1）	（2）	（3）
数字贸易壁垒	- 0. 0327 *** （ - 8. 0123 ）	- 0. 1251 *** （ - 3. 8609 ）	- 0. 1464 ** （ - 2. 0880 ）
本国 GDP	- 0. 0233 *** （ - 12. 2204 ）	- 0. 0214 *** （ - 18. 5525 ）	- 0. 0204 *** （ - 6. 6341 ）
伙伴国 GDP	- 0. 0290 *** （ - 22. 7404 ）	0. 0151 *** （ 3. 3429 ）	- 0. 1263 ** （ - 2. 3549 ）
伙伴国距离	- 0. 0177 *** （ - 13. 2503 ）	- 0. 0232 *** （ - 7. 9765 ）	- 0. 0276 *** （ - 4. 4463 ）
FTA 是否生效	0. 0059 ** （ 2. 6054 ）	- 0. 0228 *** （ - 2. 8856 ）	- 0. 0344 *** （ - 2. 9700 ）
关税	- 0. 0082 *** （ - 3. 7609 ）	- 0. 0398 *** （ - 11. 3645 ）	0. 0109 （ 1. 2862 ）

变量	(1)	(2)	(3)
劳动生产率	0.0174 *** (4.9273)	0.0274 *** (5.9377)	-0.0122 ** (-2.0386)
资本产出率	0.0694 *** (7.4086)	0.0853 *** (13.6778)	-0.1480 *** (-7.7908)
行业 FDI 监管水平	-0.2121 *** (-2.9734)	-0.1503 *** (-15.6544)	-0.0002 (-0.0060)
常数项	1.5585 *** (27.3677)	-0.1022 (-0.7150)	4.9258 *** (3.3842)
行业固定效应	是	是	是
伙伴国固定效应	是	是	是
时间固定效应	是	是	是
观测值	186480	186480	186480
R^2	0.0763	0.1063	0.0014

前向分解表示 GDP 中流入全球价值链分工中的增加值占比，后向分解表示最终品产出中，来自全球价值链分工中的增加值占比。与之前的研究相比，王等（Wang et al.，2017b）的前、后向价值链参与指标更加强调产出分解，而不仅仅是贸易分解，详细分解见附录 B。前、后向全球价值链参与指标构建为：

$$GVC\_f_{ikt} = \frac{V\_GVC^{ikt}}{V^{ikt}X^{ikt}} = \frac{V\_GVC\_R^{ikt}}{V^{ikt}X^{ikt}} + \frac{V\_GVC\_D^{ikt}}{V^{ikt}X^{ikt}} + \frac{V\_GVC\_F^{ikt}}{V^{ikt}X^{ikt}}$$

$$(5.7)$$

$$GVC\_b_{ikt} = \frac{Y\_GVC^{ikt}}{Y^{ikt}} = \frac{Y\_GVC\_R^{ikt}}{Y^{ikt}} + \frac{Y\_GVC\_D^{ikt}}{Y^{ikt}} + \frac{Y\_GVC\_F^{ikt}}{Y^{ikt}}$$

$$(5.8)$$

其中，i、k 和 t 分别表示本国、行业和年份。GVC_f、GVC_b 分别表示前向价值链参与和后向价值链参与。从前向分解看 [公式（5.7）]，VX 表示 GDP，V_GVC 表示隐含于本国生产的中间出口品中的增加值，又可分为三部分：V_GVC_R（被进口国直接吸收的增加值）、V_GVC_D（返回出口国被吸收的增加值）和 V_GVC_F（被进口国间接吸收或被第三国吸收的增加值）；从后向分解看［公式（5.8）］，Y 表示最终品产出，Y_GVC 表示中间品进口中的国内和国外增加值，分为：Y_GVC_R（被进口国直接吸收的出口国增加值）、Y_GVC_D（返回进口国的国内增加值）和 Y_GVC_F（被第三国吸收的国外增加值）。两指标基于不同的分解方向，V 是基于 GDP 的前向分解，Y 是基于最终品的后向分解。在全球层面，前向价值链参与与后向价值链参与是相等的。由于两指标基于不同的分解方法，因此不能进行简单加总。另外，该数据无法追溯到伙伴国层面，因此在计量回归中无法引入伙伴国层面的控制变量。

表 5 - 4 第（1）~（3）列指标度量的稳健性检验中，数字贸易壁垒的系数均显著为负，与基准回归完全一致，说明数字贸易壁垒阻碍了全球价值链分工，本书的估计结果是稳健的。

由频度分析法计算而来的 OECD 的数字贸易壁垒指数数据库中主指标又分为了五个子指标，分别是：基础设施与连接数字贸易壁垒、电子交易数字贸易壁垒、支付系统数字贸易壁垒、知识产权数字贸易壁垒和其他数字贸易壁垒。

基础设施与连接数字贸易壁垒：指违反网络运营商之间的无缝通信最佳实践原则，对数字贸易相关基础设施的安全标准、存储地等条件作出规定，以及限制或阻断虚拟专用网络、租用线路通信服务等行为，这些行为会阻碍或中断数据和信息的流动，最典型的有本地化措施等跨境数据流限制措施。

电子交易数字贸易壁垒：主要包括歧视性地颁发数字贸易许可证、不遵守国际公认的电子合同规则、要求非居民企业进行在线登记和申报、禁止使用电子认证等极易引起交易争端的电子交易规定。

支付系统数字贸易壁垒：主要包括要求使用特定支付方式、设置与国际支付安全标准并不一致的国内支付安全标准以及限制网上银行支付的其他规定等。

知识产权数字贸易壁垒：主要指在知识产权保护方面设置双重标准，给予外国人、外资企业不平等待遇，特别是与版权和商标有关的国内政策。在发生版权、商标等知识产权侵权或网络侵权时，设置了特定的执法机制。

其他数字贸易壁垒：指以上四个子指标未包括的数字贸易壁垒措

施，主要有数据流动限制、数据下载限制、商业存在要求、在线广告限制，以及强制使用本地软件、强制进行技术转让、强制使用本地加密技术等准入标准或经营标准。另外，缺乏对网上反竞争行为的有效补救机制也包括在内。

以上五种数字贸易壁垒子指标对全球价值链分工的影响是否存在差异？本书分别引入五种数字贸易壁垒子指标进行了回归，回归结果如表5-5所示，第（1）列是基础设施与连接数字贸易壁垒对全球价值链分工的回归，第（2）列是电子交易数字贸易壁垒对全球价值链分工的回归，第（3）列是支付系统数字贸易壁垒对全球价值链分工的回归，第（4）列是知识产权数字贸易壁垒对全球价值链分工的回归，第（5）列是其他数字贸易壁垒对全球价值链分工的回归。回归结果显示电子交易、支付系统、知识产权和其他数字贸易壁垒的回归结果均显著为负，系数绝对值最大的是知识产权 -0.9568，其次是支付系统 -0.3788，再次是其他数字贸易壁垒 -0.2634，最后是电子交易 -0.1694，基础设施与连接数字贸易壁垒对全球价值链分工的影响并不显著。说明电子交易、支付系统、知识产权及其他数字贸易壁垒均阻碍了全球价值链分工，其中，知识产权和支付系统数字贸易壁垒对全球价值链分工的阻碍作用较大，基础设施与连接对全球价值链分工的阻碍作用并不明显。

表5-5　　　　　　　　指标度量的稳健性检验二

变量	(1)	(2)	(3)	(4)	(5)
基础设施与连接	-0.0254 (-0.8718)				
电子交易		-0.1694*** (-2.9281)			
支付系统			-0.3788** (-2.1519)		
知识产权				-0.9568*** (-3.2919)	
其他数字贸易壁垒					-0.2634* (-1.6910)

变量	（1）	（2）	（3）	（4）	（5）
本国 GDP	- 0.0932 *** (- 4.2649)	- 0.0928 *** (- 4.1203)	- 0.0935 *** (- 8.2315)	- 0.0260 *** (- 9.0888)	- 0.0259 *** (- 15.8204)
伙伴国 GDP	- 0.0287 *** (- 12.6991)	- 0.0287 *** (- 12.6992)	- 0.0287 *** (- 13.8228)	- 0.0302 *** (- 13.9585)	- 0.0300 *** (- 18.6706)
伙伴国距离	- 0.0179 *** (- 5.1114)	- 0.0179 *** (- 5.1113)	- 0.0179 *** (- 9.7381)	- 0.0204 *** (- 9.8605)	- 0.0180 *** (- 6.5386)
FTA 是否生效	- 0.0062 (- 0.8837)	- 0.0062 (- 0.8827)	- 0.0062 ** (- 2.3376)	0.0113 *** (2.8766)	0.0105 * (1.7264)
关税	- 0.0299 *** (- 3.2547)	- 0.0299 *** (- 3.2543)	- 0.0300 *** (- 11.3232)	- 0.0050 (- 1.3184)	- 0.0109 ** (- 2.1467)
劳动生产率	0.0754 *** (4.1341)	0.0769 *** (4.1066)	0.0736 *** (5.4536)	0.0279 *** (6.3343)	0.0244 *** (7.3325)
资本产出率	- 0.0141 * (- 1.8886)	- 0.0124 * (- 1.7326)	- 0.0119 * (- 1.7180)	0.0561 *** (6.2370)	0.0525 *** (4.5456)
行业 FDI 监管水平	0.0037 (0.0827)	0.0036 (0.0804)	0.0036 (0.1143)	- 0.0359 (- 1.1634)	- 0.0444 *** (- 2.9346)
常数项	3.1820 *** (7.0069)	3.1525 *** (6.8109)	3.2020 *** (14.3712)	1.6257 *** (17.6208)	1.6568 *** (22.0513)
行业固定效应	是	是	是	是	是
伙伴国固定效应	是	是	是	是	是
时间固定效应	是	是	是	是	是
观测值	186480	186480	186480	186480	186480
R^2	0.2535	0.2535	0.2535	0.2415	0.2411

　　第二部分是计量方法的稳健性检验。表 5 - 6 第（1）列是首期数字贸易壁垒，即仅用 2014 年的数字贸易壁垒对全球价值链分工的回归结果；第（2）列是数字贸易壁垒滞后一期对全球价值链分工的回归结果；第（3）列对数字贸易壁垒做了降维处理，对数字贸易壁垒的时间维度做了简单平均降到"本国—伙伴国"维度，然后再对全球价值链

分工进行回归；在第（1）~（3）列的回归中，数字贸易壁垒的系数均显著为负，与基准回归完全一致，说明数字贸易壁垒阻碍了全球价值链分工。第（4）列和第（5）列使用了两阶段最小二乘法进行估计方法的稳健性检验。第（4）列对数字贸易壁垒做了差分处理，即 t 期 −(t − 1) 期的数字贸易壁垒，作为原数字贸易壁垒指标的工具变量对全球价值链分工进行回归；第（5）列引入 $DSTRI_{ijt}^{IV}$ 作为工具变量对全球价值链分工进行回归，两阶段最小二乘的估计结果显示，数字贸易壁垒的系数显著为负，进一步证实了本书的估计结果是稳健可靠的。另外，Durbin − Wu − Hausman 检验、Kleibergen − Paap rk LM 统计量、Cragg − Donald Wald F 统计量以及 Kleibergen − Paap Wald rk F 统计量、F 统计量（大于10）证明本书采用的工具变量合理有效，由于工具变量和内生变量个数一致，因此没有报告 Hansen-overid 检验结果。

表 5 − 6　　　　　　　　　计量方法的稳健性检验

变量	（1）	（2）	（3）	（4）	（5）
	首期	滞后期	本国—伙伴国	差分	工具变量
数字贸易壁垒	− 0.0866 *** (− 5.4088)	− 0.1189 *** (− 6.2841)	− 0.1473 *** (− 8.6816)	− 0.2174 *** (− 3.6111)	− 0.0776 ** (− 2.2825)
本国 GDP	− 0.0240 *** (− 12.6456)	− 0.0242 *** (− 11.0984)	− 0.0236 *** (− 12.4774)	− 0.0235 *** (− 10.9430)	− 0.0261 *** (− 69.0819)
伙伴国 GDP	− 0.0295 *** (− 22.3304)	− 0.0300 *** (− 18.5852)	− 0.0288 *** (− 21.7417)	− 0.0288 *** (− 16.7339)	− 0.0292 *** (− 23.0100)
伙伴国距离	− 0.0155 *** (− 13.0656)	− 0.0162 *** (− 10.7033)	− 0.0164 *** (− 12.9445)	− 0.0170 *** (− 10.8855)	− 0.0181 *** (− 21.7969)
FTA 是否生效	0.0084 *** (3.6752)	0.0052 * (1.9460)	0.0052 ** (2.3503)	0.0007 (0.2351)	0.0087 *** (6.2307)
关税	− 0.0072 *** (− 3.2023)	− 0.0070 ** (− 2.5224)	− 0.0050 ** (− 2.1567)	− 0.0037 (− 1.0514)	− 0.0070 *** (− 3.3577)
劳动生产率	0.0208 *** (6.1505)	0.0199 *** (4.9577)	0.0191 *** (5.6292)	0.0170 *** (3.9103)	0.0256 *** (33.5221)

续表

变量	（1）	（2）	（3）	（4）	（5）
	首期	滞后期	本国—伙伴国	差分	工具变量
资本产出率	0.0706 *** （7.6325）	0.0688 *** （6.3238）	0.0713 *** （7.7125）	0.0698 *** （6.4135）	0.0519 *** （9.7419）
行业 FDI 监管水平	− 0.2112 *** （− 2.9456）	− 0.2102 ** （− 2.5326）	− 0.2101 *** （− 2.9437）	− 0.2077 ** （− 2.5325）	− 0.0415 *** （− 5.2750）
常数项	1.6071 *** （27.6842）	1.6531 *** （25.1513）	1.6047 *** （28.0095）	1.6523 *** （24.4834）	1.6303 *** （63.0613）
Durbin – Wu – Hausman				175.428 [0.0000]	10.422 [0.0012]
Kleibergen – Paaprk LM 统计量				88.218 [0.0000]	3283.707 [0.0000]
Cragg – Donald Wald F 统计量				1.1e + 04 340.615	4.0e + 04 8589.506
Kleibergen – Paaprk Wald F 统计量				{16.38}	{16.38}
行业固定效应	是	是	是	是	是
伙伴国固定效应	是	是	是	是	是
时间固定效应	是	是	是	是	是
观测值	186480	139860	186480	139860	186480
R^2	0.0758	0.0658	0.0763	0.0659	0.2418

5.7 本章小结

本章是数字贸易壁垒对全球价值链分工影响效应的基准分析。主要包括计量模型、指标度量、内生性问题及处理、数据来源、基准回归结果和稳健性检验六部分。计量模型部分，本书通过构建"本国—行业—伙伴国—年份"四维面板数据，建立了自变量是数字贸易壁垒，因变量是全球价值链分工的计量模型。

指标度量部分，本书采用 OECD 数据库中的数字贸易限制指数（DSTRI），通过对双边国家数字贸易壁垒进行简单平均，构建了双边维度的数字贸易壁垒指数；通过亚洲开发银行（ADB）投入产出数据计算出 2014～2017 年 37 国的行业出口增加值，以库普曼等（Koopman et al.，2010）的指标度量方法和王等（Wang et al.，2013）的出口分解方法，构建了全球价值链分工指标；选取引力模型变量（本国 GDP、伙伴国 GDP、与伙伴国距离、FTA 是否生效、关税）和国家/行业特征变量（劳动生产率、资本产出率、行业 FDI 监管水平）作为控制变量。

内生性问题及处理方面，反向因果和遗漏变量易产生内生性问题。本书参照赫尔普曼（Helpman，1987）、贝弗雷利等（Beverelli et al.，2017）的研究，使用与国家 i 不在同一个 FTA，且不属于同一个地理区域的国家 c(c≠i) 的数字贸易壁垒的加权平均作为国家 i 数字贸易壁垒的工具变量，权数是两国人均 GDP 计算的相似指数（Helpman，1987），国家 i 和国家 j 的数字贸易壁垒工具变量简单平均作为双边国家数字贸易壁垒水平的工具变量。另外，本书还采用了双边数字贸易壁垒首期（2014 年双边数字贸易壁垒水平）、滞后期、差分形式 [t 期 –(t – 1) 期]、降年份维度至"本国—伙伴国"双边维度解决内生性问题。

基准回归结果方面，数字贸易壁垒与全球价值链分工的回归结果显示，在逐步加入控制变量的条件下，数字贸易壁垒对全球价值链分工的回归结果显著为负，说明数字贸易壁垒阻碍了全球价值链分工。稳健性检验部分，首先，本书分别使用数字贸易壁垒异质性指数、数字贸易壁垒子指标、王等（Wang et al.，2017b）的前向、后向全球价值链参与指标作为数字贸易壁垒和全球价值链分工的替代性指标进行了指标度量的稳健性检验，数字贸易壁垒系数依然显著为负，与基准回归完全一致，说明数字贸易壁垒阻碍了全球价值链分工。其次，本书分别使用了双边数字贸易壁垒首期（2014 年双边数字贸易壁垒水平）、滞后期、本国—伙伴国维度数字贸易壁垒指标，采用普通最小二乘法进行计量检验，使用差分形式 [t 期 –(t – 1) 期] 和 $DSTRI_{ijt}^{IV}$ 数字贸易壁垒工具变量，采用两阶段最小二乘法进行计量检验，结果显示数字贸易壁垒的系数显著为负，进一步证实了本书估计结果的稳健性。

第6章　数字贸易壁垒对全球价值链分工影响的机制检验

数字贸易壁垒阻碍了全球价值链分工，但我们关注它是通过何种传导机制阻碍了全球价值链分工，本部分从 FDI、研发投入和贸易成本三方面进行机制分析。

6.1　基于 FDI 的视角

随着国际贸易的发展和国际分工的细化，各国开始集中生产本国优势产品，将非核心的业务剥离出去，外包给其他国家，原本由一国生产的产品现在分散到全球各个地方，各国开始进行产品间贸易，全球生产网络深化，全球价值链形成（Gereffi，1990）。跨国企业是全球生产网络中的重要角色，据联合国贸发组织的相关数据估计，全球八成以上的贸易都有跨国公司参与（唐宜红和张鹏杨，2017）。数字技术的飞速发展改变了传统商业形式，一方面，跨国企业出现了"数字化""服务化"新趋势，在企业内部跨国流动的数字化中间品和零部件增多；另一方面，数字技术水平、创新能力等成为外商直接投资的主要区位决定因素（詹晓宁和欧阳永福，2018）。因此，一国数字技术的发展会促进 FDI 的增加，而数字贸易壁垒的存在必然会阻碍国外高端数字要素的进入，抑制本国数字技术水平的提升，从而阻碍 FDI 的流入。

FDI 主要通过技术溢出效应、产业规模效应和人力资本效应促进全球价值链分工（杨仁发和李娜娜，2018）。技术溢出方面，FDI 的进入给东道国带来了先进的技术（冼国明和孙江永，2009；余长林，2011），外国先进技术通过作用于产业内和产业间从而产生技术溢出（潘文卿等，2011；Javorcik，2004），外资企业的先进技术与管理经验首先能对产业内企业产生示范效应，其他企业通过学习、模仿提高生产效率和产品质量（李坤望和王有鑫，2013），产生产业内的技术溢出；其次FDI还能产生垂直技术溢出，提高产业间企业的投入品质量以及服务水平，增强各企业贸易品的国际市场竞争力，促进全球价值链分工发展。产业规模方面，FDI的进入能优化东道国产业结构，提高资本投入，提高东道国全球价值链分工水平（胡昭玲和宋佳，2013；杨高举和黄先海，2013）。FDI的流入会增加东道国资本积累，扩大行业生产规模，而地区行业规模的扩大又会进一步吸引更多FDI的进入，在这个过程中，产业结构逐步优化，高附加值的价值链环节逐步增多（安歌军和赵景峰，2011），从而在全球价值链分工中的优势更加明显。人力资本方面，FDI的进入能对东道国就业产生人力资本提升效应（罗军和陈建国，2014），增强东道国全球价值链分工的竞争优势。FDI的流入优化了东道国的产业结构，使产品逐渐向数字化、服务化等高附加值方向转化，同时也提高了对劳动力的技能要求，对东道国人力资本结构有明显的提升效应（蒋为和黄玖立，2014），有利于提高其在全球价值链分工中的优势地位。

数字贸易壁垒能减少东道国FDI流入，从而降低全球价值链分工水平，鉴于此，本书引入FDI净流入（倒数）与数字贸易壁垒进行交互，检验FDI渠道对全球价值链分工的影响。表6-1第（1）列是核心解释变量数字贸易壁垒、FDI净流入（倒数）及其交互项对全球价值链分工的回归，第（2）列加入了引力模型控制变量，第（3）列加入了国家/行业特征变量。由表6-1可知，在逐步加入控制变量的情况下，数字贸易壁垒与FDI交互项（倒数）的系数均显著为负，证实了该机制的合理性。数字贸易壁垒减少了本国FDI净流入，而FDI的减少通过降低技术溢出、产业集聚及人力资本水平等阻碍了两国间的全球价值链分工水平。

表 6-1　　　　　　　　基于 **FDI 净流入**的分析

变量	(1)	(2)	(3)
FDI 净流入	0.0024 *** (12.6451)	0.0017 *** (11.5086)	0.0014 *** (9.2499)
数字贸易壁垒	-0.1672 *** (-2.6826)	0.1048 * (1.9509)	0.0971 ** (1.9868)
数字贸易壁垒 × FDI 净流入	-0.1593 *** (-6.9691)	-0.1165 *** (-6.2357)	-0.0953 *** (-5.6668)
本国 GDP		-0.0203 *** (-13.5188)	-0.0246 *** (-16.0481)
伙伴国 GDP		-0.0269 *** (-16.5516)	-0.0282 *** (-17.7058)
伙伴国距离		-0.0166 *** (-6.2048)	-0.0177 *** (-6.6429)
FTA 是否生效		-0.0016 (-0.2658)	0.0061 (1.0376)
关税		-0.0140 *** (-3.2408)	-0.0054 (-1.0919)
劳动生产率			0.0219 *** (7.5557)
资本产出率			0.0442 *** (3.9909)
常数项	0.5026 *** (105.5810)	1.8789 *** (29.5696)	1.6618 *** (22.4962)
行业固定效应	是	是	是
伙伴国固定效应	是	是	是
时间固定效应	是	是	是
观测值	186480	186480	186480
R^2	0.0386	0.0705	0.0732

6.2 基于研发投入的视角

广义的数字贸易不仅仅包括线上交易的商品与服务，还包括线上交易过程中的数据流、信息流和产品流。数字贸易是建立在信息通信技术（ICT）基础上的，数据、信息和产品的流动与融合加速了技术更新和研发创新过程，本地化要求、知识产权保护等针对数据流和信息流的限制必然会阻碍东道国的研发和创新。

随着全球生产网络的不断深化，研发投入在全球价值链分工中具有重要作用（王玲和 Adam Szirmai，2008；胡昭玲和宋佳，2013；Zhang et al.，2017；戴翔等，2017；吕越等，2018）。经济主体从研发投入到产品效益需要经过研发设计、产业化和市场操作三个阶段（Drucker，1970），研发创新是经济增长的主要驱动力（Grossman and Helpman，1991）。一方面研发投入可以提高企业的研发创新能力（Lucas，1988；Romer，1990；Jefferson et al.，2006；代中强等，2015），提高其出口的核心竞争力；另一方面，研发投入能提高企业的技术成果转化能力（蔡跃洲，2015），出口产品的种类更为丰富，出口产品的技术含量得以提升（齐俊妍等，2011），能大大提高企业的价值链分工能力，对一国的价值链升级和经济增长有显著的促进作用（Audretsch and Feldman，1996；魏守华等，2009；Shang et al.，2012；耿晔强和白力芳，2019）。另外，有研究表明，研发创新对一国全球价值链升级的促进作用也非常明显，有助于一国价值链分工地位的提升（杨高举和黄先海，2013；张玉和胡昭玲，2016）。

数字贸易壁垒会通过切断国家间的数据、信息融通，从而阻碍产业内部的研发创新，而研发创新的减少又进而阻碍一国的全球价值链分工水平。鉴于此，本书引入研发投入指标，用研发投入指标和数字贸易壁垒形成交互对全球价值链分工进行回归，检验数字贸易壁垒如何通过阻碍研发创新，抑制全球价值链分工。关于研发投入指标的计算，本书利用亚洲开发银行 2014～2017 年投入产出表，以行业总投入中的光电技术要素投入、邮政和电信投入、金融媒介投入和教育要素投入的总和占比表示产业内的研发投入水平，计算公式为：

$$RD_{ikjt} = \frac{o_{ikjt} + p_{ikjt} + f_{ikjt} + e_{ikjt}}{T_{ikt}} \quad\quad (6.1)$$

其中，下标 i、k、j、t 分别表示本国、行业、伙伴国、年份，RD 表示 t 年 i 国 k 行业中来自 j 伙伴国的研发投入占比，o 是光电技术要素投入，p 是邮政和电信投入，f 是金融媒介投入，e 是教育要素投入，T 为 t 年 i 国 k 行业的总投入。

表 6-2 第 (1) 列是核心解释变量研发投入（倒数形式）、数字贸易壁垒与两者的交互项对全球价值链分工的回归，第 (2) 列引入了引力模型控制变量，第 (3) 列引入了国家/行业特征变量。由表 6-2 可以看出，在逐步加入控制变量的情况下，数字贸易壁垒与研发投入（倒数形式）的交互项依然显著为负，说明数字贸易壁垒越大，研发投入越小，越能抑制全球价值链分工水平。数字贸易壁垒阻碍了数据、信息要素的跨境流动，国际分工中的研发投入、技术创新下降，从而降低了全球价值链分工水平。

表 6-2　　　　　　　　　　基于研发投入的分析

变量	(1)	(2)	(3)
研发投入	- 6.5333 *** (- 5.4788)	- 5.9371 *** (- 5.1792)	- 5.7771 *** (- 5.2343)
数字贸易壁垒	- 0.3403 *** (- 9.8468)	0.0098 (0.5604)	0.0111 (0.6297)
数字贸易壁垒 × 研发投入	- 0.0548 *** (- 5.8762)	- 0.0407 *** (- 4.9702)	- 0.0417 *** (- 5.0107)
本国 GDP		- 0.0436 *** (- 10.7697)	- 0.0282 *** (- 4.6974)
伙伴国 GDP		- 0.0288 *** (- 14.4194)	- 0.0287 *** (- 14.4080)
伙伴国距离		- 0.0157 *** (- 7.1658)	- 0.0157 *** (- 7.2667)
FTA 是否生效		- 0.0083 *** (- 3.1054)	- 0.0085 *** (- 3.1715)

变量	（1）	（2）	（3）
关税		-0.0272*** (-10.0357)	-0.0273*** (-10.0262)
劳动生产率			-0.0362*** (-4.6318)
资本产出率			-0.0016 (-0.2619)
行业 FDI 监管水平			-0.2051 (-1.3131)
常数项	6.9063*** (5.8855)	8.4060*** (7.6830)	8.2086*** (7.7255)
行业固定效应	是	是	是
伙伴国固定效应	是	是	是
时间固定效应	是	是	是
观测值	186480	186480	186480
R^2	0.0826	0.0826	0.0826

6.3 基于贸易成本的视角

杰克等（Jacks et al.，2010）通过研究第一次世界大战前 40 年的贸易成本和出口贸易发现，科技进步引起的贸易成本缩减能大大促进国际贸易的增长，国际贸易成本每下降 10%，出口增长 40%。随着经济全球化的日益深化，贸易成本仍然是阻碍区域经济一体化和全球价值链分工的重要因素（Novy，2006），也是打开新开放宏观经济学之谜的钥匙（Obstfeld and Rogoff，2000）。

近年来，随着贸易理论的发展与完善，贸易成本已成为异质性贸易理论、新经济地理理论和新贸易理论中的重要一环，对全球价值链分工乃至全球经济格局有着重要影响（鞠建东和余心玎，2014）。《2018 年世界贸易报告》指出，数字技术最重要的影响就是显著降低了贸易成本。数字贸易壁垒本质上是一种贸易成本，是影响贸易流量的重要因素。在数字贸易壁垒的作用下，各行业贸易成本大大增加，全球价值链的生产成本也随之上升，导致全球价值链分工水平降低。

在贸易成本的度量上，传统引力模型是较为常见的测度方法，但该方法缺乏微观理论基础，并未考虑多边阻力的影响。伯格斯特朗德等（Bergstrand et al.，2017）提出该方法中贸易成本对称性问题与现实不符。诺维（Novy，2006；2013）放松了技术假定，改进了测度模型，间接度量双边贸易成本，该模型在引力模型的基础上，融入垄断竞争框架和冰山贸易成本，扩展到多边模型。该方法充分考虑到了模型的动态特征和贸易成本的双边不对称特征，在学术界得到了广泛应用（钱学锋和梁琦，2008；方虹等，2010；胡宗彪和王恕立，2013）。

本书引入贸易成本指标与数字贸易壁垒形成交互检验其对全球价值链分工的影响。在诺维（Novy，2006；2013）及钱学峰和梁琦（2008）的研究基础上，本书采用诺维（Novy）模型，测度双边贸易成本。其计算公式是：

$$\tau_{jk} = \tau_{kj} = 1 - \left[\frac{EXP_{jk} EXP_{kj}}{(GDP_j - EXP_j)(GDP_k - EXP_k) s^2} \right]^{\frac{1}{2\rho - 2}} \quad (6.2)$$

τ_{jk} 与 τ_{kj} 分别表示 j 国到 k 国、k 国到 j 国的贸易成本，EXP_{jk} 和 EXP_{kj} 分别是 j 向 k 和 k 向 j 的实际出口，EXP_j 和 EXP_k 分别是 j、k 的实际总出口，GDP_j 和 GDP_k 分别是 j、k 的实际 GDP，s 表示可贸易品份额，ρ 是替代弹性。关于 s 和 ρ 的取值，s 大概介于 0.3 ~ 0.8 之间（Evenett and Keller，2002）。诺维（Novy，2006）和杰克等（Jacks et al.，2010）认为发达国家可贸易品的份额达到了 0.8，鉴于本书样本中发达国家较多，可贸易品的比重应该较高，因此也将 s 定为 0.8。根据安德森和范·温库普（Anderson and van Wincoop，2004）的研究，替代弹性 ρ 介于 5 ~ 10 之间，本书将 ρ 定为中间水平 8。为了估计结果的稳健性，本书还分别计算了 s 值为 0.3、0.5，ρ 值为 5、10 时的双边贸易成本并进行回归，限于本书篇幅，未予汇报。

表 6-3 第（1）列是核心解释变量贸易成本、数字贸易壁垒与两者交互项对全球价值链分工的回归，第（2）列引入了引力模型控制变量，第（3）列引入了国家/行业特征变量。由表 6-3 可以看出，在逐渐加入控制变量的情况下，数字贸易壁垒与贸易成本的交互项依然显著

为负，说明数字贸易壁垒越大，贸易成本越大，越会抑制全球价值链分工。数字贸易壁垒的存在大大增加了贸易成本，提高了价值链分工的生产成本，抑制了国家间的生产分工，从而降低了全球价值链分工水平。

表 6 – 3　　　　　　　　　　　基于贸易成本的分析

变量	（1）	（2）	（3）
贸易成本	0.6124 *** (5.4900)	0.9449 *** (8.1420)	0.8166 *** (7.3206)
数字贸易壁垒	− 0.5713 *** (− 15.8202)	− 0.3205 *** (− 10.6721)	− 0.2439 *** (− 8.3595)
数字贸易壁垒 × 贸易成本	− 0.8299 ** (− 2.3726)	− 2.0434 *** (− 6.5214)	− 1.7964 *** (− 5.6186)
本国 GDP		− 0.0183 *** (− 14.0019)	− 0.0202 *** (− 11.3695)
伙伴国 GDP		− 0.0235 *** (− 18.3655)	− 0.0259 *** (− 20.4999)
伙伴国距离		− 0.0260 *** (− 14.6923)	− 0.0241 *** (− 12.0671)
FTA 是否生效		− 0.0047 ** (− 2.4745)	0.0020 (0.9676)
关税		− 0.0159 *** (− 8.2180)	− 0.0082 *** (− 3.8343)
劳动生产率			0.0156 *** (4.8952)
资本产出率			0.0694 *** (7.4100)
行业 FDI 监管水平			− 0.2116 *** (− 2.9480)
常数项	0.5445 *** (48.0812)	1.8786 *** (34.5147)	1.5954 *** (28.2109)

变量	(1)	(2)	(3)
行业固定效应	是	是	是
伙伴国固定效应	是	是	是
时间固定效应	是	是	是
观测值	186480	186480	186480
R^2	0.0784	0.0784	0.0784

6.4 本章小结

本部分在基准回归的基础上，通过 FDI、研发投入和贸易成本三条渠道检验数字贸易壁垒降低全球价值链分工的传导机制。首先，本书考察数字贸易壁垒降低 FDI 净流入，从而抑制全球价值链分工的机制。数字贸易的一方面加速了跨国企业的数字化和服务化转型，另一方面也促使数字技术水平、创新能力成为吸引 FDI 的重要区位因素，因此数字贸易壁垒的存在必然会抑制数字技术水平的提升，从而阻碍 FDI 流入。FDI 能通过技术溢出效应、产业规模效应和人力资本效应促进东道国的全球价值链分工，因而 FDI 流入的减少会阻碍东道国的全球价值链分工。鉴于此，本书引入 FDI 净流入（倒数）与数字贸易壁垒进行交互对全球价值链分工进行回归。计量结果显示，数字贸易壁垒与 FDI 交互项（倒数）的系数显著为负。说明 FDI 净流入减少是数字贸易壁垒阻碍全球价值链分工的渠道机制，数字贸易壁垒减少了本国的 FDI 净流入，从而降低了东道国的价值链分工水平。

其次，本书检验数字贸易壁垒阻碍行业研发投入，从而抑制全球价值链分工的传导机制。数字贸易中的数据、信息流动是企业研发创新的重要推动力，而研发创新又能通过提高企业的研发创新能力和技术成果转化能力，提高企业的出口竞争力和价值链分工水平，对一国的价值链升级和经济增长有显著的促进作用。鉴于此，本书利用亚洲开发银行（ADB）2014～2017 年投入产出表，使用直接消耗方法计算行业研发投入指标，以行业总投入中的光电技术要素投入、邮政和电信投入、金融媒介投入和教育要素投入的总和占比表示产业内的研发投入水平。引入了研发投入及其与数字贸易壁垒的交互项对全球价值链分工进行回归。计量结果显示数字贸易壁垒与研发投入的交互项显著为负，说明研发投入减少是数字贸易壁垒抑制全球价值链分工的渠道机制。数字贸易壁垒阻碍了创新要素的跨境流动，国际分工中的研发投入减少，从而降低了全球价值链分工水平。

最后，本书考察数字贸易壁垒提高贸易成本，从而抑制全球价值链分工的传导机制。数字贸易壁垒本质上是一种贸易成本，是影响贸易流量的重要因素。在数字贸易壁垒的作用下，各行业贸易成本大大增加，全球价值链的生产成本也随之上升，导致全球价值链分工水平降低。本书采用诺维（Novy）模型，测度贸易成本指标，引入贸易成本与数字贸易壁垒交互项对全球价值链分工进行回归。计量结果显示数字贸易壁垒与贸易成本的交互项显著为负，说明贸易成本提高是数字贸易壁垒抑制全球价值链分工的渠道机制。数字贸易壁垒大大增加了贸易成本，提高了价值链分工的生产成本，减少了国家间的生产分工，从而降低了全球价值链分工水平。

第7章 数字贸易壁垒对全球价值链分工的影响效应：拓展分析

本章分别检验了数字贸易壁垒对全球价值链分工影响是否存在国家异质性和行业异质性，并分析了数字贸易壁垒对全球价值链长度和位置的影响。

7.1 拓展分析一：基于国家异质性

数字贸易壁垒对全球价值链分工的阻碍作用是否存在国家差异？对发达国家和发展中国家的影响是否有差异？对大国间、小国间以及大国和小国间的价值链分工是否存在差异？制度距离又在其中发挥了什么作用？本部分分别基于发达国家和发展中国家视角、大国小国视角以及制度距离视角进行了拓展分析。

7.1.1 基于发达国家和发展中国家的视角

在全球生产网络体系中，发达国家凭借技术、创新、服务、资本优势，占据着全球价值链的高附加值环节，而发展中国家凭借劳动力、土地、资源、能源等，在劳动密集型和资源密集型行业形成了比较优势。跨国公司往往将非核心业务和低附加值业务外包到发展中国家，如此一来，发展中国家便逐步嵌入了由发达国家主导的全球分工体系，密切了发展中国家与其他国家的经济分工联系。但因发展中国家往往只是充当"代工者"的角色，获得的技术外溢非常有限，因此往往被锁定在全球价值链的低端（张杰和刘志彪，2007）。

那么当存在数字贸易壁垒的情况下，发展中国家和发达国家的价值链分工水平是否存在影响差异性？根据本书的理论模型，发展中国家为保护本国数据安全和数字产业的发展，往往会设置更为严格的数字贸易壁垒，如此数字贸易壁垒便会减少发达国家的国际外包数量，发展中国家的中间品出口大大减少，因此一定程度上阻碍了发展中国家参与全球价值链分工。鉴于发达国家和发展中国家在全球价值链分工进程中所受的影响不同，本书根据 OECD 国家的分类，将数据分为发达国家和发展中国家两类，对两类国家数据分别进行回归。

计量结果如表7－1所示，第（1）列是数字贸易壁垒与发达国家全球价值链分工的回归，第（2）列是数字贸易壁垒与发展中国家全球价值链分工的回归。估计结果显示：数字贸易壁垒对发达国家与发展中国家价值链分工的影响均显著为负，但是数字贸易壁垒对发展中国家全球价值链分工的系数绝对值为 0.1749，大于发达国家的系数 0.1545，说明数字贸易壁垒对发展中国家的影响更大，验证了理论模型中的结论，相比于发达国家，数字贸易壁垒对发展中国家的抑制作用更大。

84

表7－1　　　　　　　　基于发达国家、发展中国家的分析

变量	（1）	（2）
	发达国家	发展中国家
数字贸易壁垒	－0.1545 *** （－9.0699）	－0.1749 *** （－4.0416）
本国 GDP	－0.0776 *** （－5.0331）	－0.1145 *** （－7.7198）
伙伴国 GDP	－0.0263 *** （－13.2627）	－0.0301 *** （－11.8100）
伙伴国距离	－0.0185 *** （－9.6537）	－0.0109 *** （－4.0843）
FTA 是否生效	－0.0089 ** （－2.5101）	－0.0002 （－0.0628）
关税	－0.0204 *** （－5.4929）	－0.0327 *** （－8.8294）

变量	(1)	(2)
	发达国家	发展中国家
劳动生产率	0.0626 * (1.8603)	0.1003 *** (4.9974)
资本产出率	−0.0229 * (−1.7983)	−0.0097 (−1.3706)
行业 FDI 监管水平	0.0012 (0.0289)	0.0567 (1.2236)
常数项	2.8498 *** (9.4216)	3.7006 *** (12.6010)
行业固定效应	是	是
伙伴国固定效应	是	是
时间固定效应	是	是
观测值	120960	65520
R^2	0.2628	0.2408

数字产业的发展往往需要高端数据存储、大数据应用、云计算、高速宽带等研发投入和基础设施建设，具有明显的技术密集和资本密集特征，而处在价值链低端的发展中国家往往面临技术和资本缺口，因此数字产业发展一般落后于发达国家。为了保护本国数据安全，扶持本国数字产业的发展，免受发达国家数字产业的冲击，因此会设置较为严格的数字贸易壁垒。发展中国家的数字贸易壁垒一方面会阻止发达国家的国际外包进入，减少发展中国家国际分工的参与；另一方面，信息和数据的流通阻断，同时也阻断了国家间的数字技术交流，减少了发达国家对发展中国家的技术外溢，不利于发展中国家价值链的位置提升和价值链升级。因此，数字贸易壁垒抑制了发展中国家的价值链分工，进一步导致了国家间的经济失衡。

7.1.2 基于大国小国的视角

数字贸易壁垒对小国间、大国间、大国对小国以及小国对大国的价值链分工影响是否存在差异？本书根据 GDP 的均值，将 GDP 大于样本 GDP 均值的国家称为大国，将 GDP 小于样本 GDP 均值的国家称为小国，因此，总样本被分成了四部分：小国间的价值链分工、大国间的价值链分工、大国对小国的价值链分工、小国对大国的价值链分工，分别以数字贸易壁垒对其进行回归。

表 7-2 第 (1) 列是数字贸易壁垒对小国间的价值链分工，第 (2) 列是数字贸易壁垒对大国间的价值链分工，第 (3) 列是数字贸易壁垒对大国与小国间的价值链分工，第 (4) 列是数字贸易壁垒对小国与大国间的价值链分工。回归结果显示，数字贸易壁垒对小国间的价值链分工水平回归系数为 -0.1657，对大国间的价值链分工水平回归系数为 -0.1185，对大国小国间的价值链分工水平回归系数为 -0.1256，对小国大国间的价值链分工水平回归系数为 -0.0438，均显著为负，数字贸易壁垒的存在，阻碍了国家间的价值链分工水平，但影响效应存在国家差异，数字贸易壁垒对价值链的阻碍效应由大到小依次是小国间、大国对小国、大国间、小国对大国。

86

表 7-2　　　　　　　　　　　基于大国小国的分析

变量	(1)	(2)	(3)	(4)
	小国小国	大国大国	大国小国	小国大国
数字贸易壁垒	-0.1657 *** (-10.4749)	-0.1185 *** (-6.4656)	-0.1256 *** (-3.9252)	-0.0438 *** (-4.0359)
本国 GDP	-0.0151 *** (-13.8578)	-0.0271 *** (-9.0364)	-0.0272 *** (-5.9179)	-0.0249 *** (-29.1076)
伙伴国 GDP	-0.0198 *** (-20.3352)	-0.0288 *** (-14.3768)	-0.0354 *** (-20.1392)	-0.0134 *** (-10.5282)
伙伴国距离	-0.0154 *** (-11.8129)	-0.0281 *** (-8.4921)	-0.0236 *** (-6.7908)	-0.0285 *** (-19.1039)
FTA 是否生效	0.0091 *** (3.4497)	-0.0464 *** (-6.7335)	0.0032 (0.3039)	0.0196 *** (6.2068)
关税	-0.0222 *** (-10.7399)	-0.0142 ** (-2.1335)	0.0284 *** (3.1294)	0.0019 (0.9109)

变量	(1)	(2)	(3)	(4)
	小国小国	大国大国	大国小国	小国大国
劳动生产率	0.0147 *** (8.9595)	0.0032 (0.7537)	0.0316 *** (5.4535)	0.0247 *** (18.1267)
资本产出率	0.1037 *** (17.6570)	0.0028 (0.3016)	0.0293 ** (2.2623)	0.0779 *** (15.7434)
行业 FDI 监管水平	-0.1917 *** (-17.8618)	-0.1963 *** (-15.8420)	-0.2115 *** (-11.7066)	-0.2616 *** (-28.3746)
常数项	1.0947 *** (26.8278)	2.1815 *** (23.6935)	1.9071 *** (19.2682)	1.1873 *** (26.7143)
行业固定效应	是	是	是	是
伙伴国固定效应	是	是	是	是
时间固定效应	是	是	是	是
观测值	102130	11410	36470	36470
R^2	0.0464	0.1289	0.0299	0.1400

小国一般不具备数字技术优势，与小国进行的数字贸易替代性较强，若小国设立较高的数字贸易壁垒，本国会迅速转向其他国家，因此小国间的国际分工和大国对小国的国际分工，受数字贸易壁垒影响较大，尤其是小国间的价值链分工；而大国往往具有技术、专利、知识产权等优势，与其进行的数字贸易往往不易被替代，尽管存在数字贸易壁垒，但其对价值链分工的阻碍作用会相对较小，因此大国间的国际分工和小国对大国的国际分工，受数字贸易壁垒影响较小，尤其是小国对大国的国际生产分工，尽管存在数字贸易壁垒，但大国的技术投入替代性较小，小国转向其他国家的可能性较小，因此价值链分工受到的影响最小。

7.1.3　基于制度距离的视角

传统的国际贸易理论认为，国际贸易的发生在于生产率的提高和成本的降低，国际贸易成本中，交易成本是重要的一项。当外部经济环境、政治环境及法律环境等制度因素安全稳定时，企业外部的交易成本往往低于企业内部的交易成本，此时企业往往选择进行贸易（Grossman et al.，1986）；当贸易中的制度环境不够完善时，贸易的不确定性上升，被"敲竹杠"的风险增大，贸易交易成本也会随之提高，此时企业会倾向于自己生产中间品及最终品，进行内部交易（Antras et al.，2004）。由此可见，交易成本很大程度上受一国制度环境的影响。伯克维茨等（Berkowitz et al.，2006）根据不完全契约理论，分析制度环境对贸易产品复杂度的影响，贸易产品越复杂，贸易的不确定性也就越高，而稳定的制度环境则可以抵消一部分不确定性引发的交易风险，促进贸易的有序进行。随着全球价值链的深度发展，产品的生产环节空间分离，中间品贸易大幅增加，贸易程序更为复杂，因此面临着更大的不确定性，交易风险上升，企业会更倾向于选择制度环境更好的贸易伙伴国（Koopman et al.，2014），跨国公司在组织全球价值链时也会着重考虑制度因素（Wang et al.，2017a，2017b；戴翔和郑岚，2015）。由此可见，制度环境是影响一国国际分工的重要因素（Hart et al.，1990）。

一方面，与传统贸易相比，全球价值链中的贸易环节更为复杂，因此需要更优越的制度环境与之相匹配，以保障生产分工的顺利进行；另一方面，优越的制度环境是技术发展、研发创新的肥沃土壤，有利于行业向高附加值价值链环节攀升，提高一国的全球价值链地位。岳咬兴和范涛（2014）发现与制度质量相比，制度距离对双边贸易的影响更大。

国家之间的制度距离越近，越有利于扩大双边贸易规模，反之，制度距离越远，贸易成本提升，进行贸易的可能性越小（Wei and Shleifer，2000；De Groot et al.，2004；Nunn，2007；Deinand and Chiu，2011）。国家间在进行贸易之前，面临着来自贸易伙伴国的贸易不确定性、信息不对称性以及各种交易风险，若两国间的制度距离较远，则贸易双方需要付出更高的信息搜寻成本，而且需要更多的时间去适用对方的经济、政治以及法律环境，不利于全球价值链的发展；国家间在进行贸易之后，合同的履行与纠纷的调解也需要较近的制度距离。较近的制度距离有助于双方在合同履行中达成共识，降低了合同履行中的风险，降低履约成本；同时，较近的制度距离意味着双方的纠纷解决机制较为相似，有助于降低发生贸易纠纷的可能性，当发生贸易纠纷时，双方也能较为顺畅地进行纠纷调解，降低纠纷调解成本（Chang et al.，2008；陈昊和陈小明，2011）。

鉴于此，本书引入制度距离指标，检验数字贸易壁垒对全球价值链分工的影响是否存在制度距离差异性。关于制度距离的测算，本书参考黄新飞等（2013）的研究，计算了包括经济制度、政治制度及其制度实施特征在内的14个子指标的制度距离指标体系。经济制度指标来自美国遗产基金会数据库，包括贸易自由度、商业自由度、财政自由度、政府干预度、货币自由度、金融自由度、投资自由度和产权保护8个指标；政治制度指标来自世界银行全球治理数据库，包括政治和社会安定、公民权利、社会监管质量、政府效率、腐败治理和法律法规6个指标。计算公式为：

$$\mathrm{ID}_{ijt} = \frac{1}{14} \sum_{k=1}^{14} \left[\frac{(I_{ikt} - I_{jtk})^2}{\upsilon_k} \right] \tag{7.1}$$

其中，ID 表示制度距离，下标 i、j、t、k 分别表示 i 国、j 国、t 年、第 k 个指标，I_{itk} 和 I_{jtk} 分别表示 i 国、j 国 t 年第 k 个指标的值，v_k 表示第 k 个指标的方差。

本书根据样本中制度距离的均值，将总样本分为制度距离远和制度距离近的两类，分别以数字贸易壁垒对全球价值链分工进行回归，回归结果如表7-3所示，第（1）列是数字贸易壁垒对制度距离较远组的全

表 7-3　　　　　　　　　　　　基于制度距离的分析

变量	（1）	（2）
	制度距离远	制度距离近
数字贸易壁垒	-0.3579 ** （-2.1367）	-0.0791 *** （-4.9566）
本国 GDP	-0.0261 *** （-20.9870）	-0.0251 *** （-38.0516）
伙伴国 GDP	-0.0288 *** （-24.7086）	-0.0280 *** （-48.2998）
伙伴国距离	-0.0042 * （-1.8352）	-0.0151 *** （-13.4456）

变量	（1）	（2）
	制度距离远	制度距离近
FTA 是否生效	0. 0194 *** （4. 4775）	0. 0027 （1. 1733）
关税	− 0. 0008 （ − 0. 2751）	− 0. 0125 *** （ − 6. 7477）
劳动生产率	0. 0032 （1. 4337）	0. 0334 *** （21. 7195）
资本产出率	0. 0366 *** （6. 2244）	0. 0882 *** （18. 0543）
行业 FDI 监管水平	− 0. 2825 *** （ − 23. 7837）	− 0. 1665 *** （ − 18. 6594）
常数项	1. 7964 *** （37. 1405）	1. 4195 *** （48. 1883）
行业固定效应	是	是
伙伴国固定效应	是	是
时间固定效应	是	是
观测值	59290	127190
R^2	0. 0380	0. 0743

球价值链分工的回归，第（2）列是数字贸易壁垒对制度距离较近组的全球价值链分工的回归。回归结果显示，数字贸易壁垒对全球价值链分工的影响效应均显著为负，但制度距离远的数字贸易壁垒系数绝对值远大于制度距离近的数字贸易壁垒系数绝对值，说明数字贸易壁垒对制度距离远的国家间的价值链分工的阻碍作用更大，对制度距离近的国家间的价值链分工的阻碍作用较小。数字贸易壁垒对全球价值链分工有阻碍作用，但当贸易双方的制度距离较近时，能降低双方的贸易不确定性，减少交易风险，降低交易成本和履约成本，在一定程度上抵消了一部分数字贸易壁垒对全球价值链分工的阻碍作用。因此，与制度距离较远的贸易伙伴国相比，数字贸易壁垒对制度距离较近的贸易伙伴国的全球价

值链分工阻碍更小。

7.2　拓展分析二：基于行业异质性

7.2.1　基于农业、工业和服务业的视角

近年来，物联网、大数据、区块链、人工智能、云计算等数字产业发展迅速，以其覆盖面广、渗透力强、影响深远等优势逐步融入实体经济，支持传统产业优化升级，实现数字化与各产业的融合发展，推动传统经济向数字经济转变。目前，全球服务贸易中超过六成均是数字贸易形式，而跨境货物贸易形式已逐步转变为经由数字化平台的贸易。党的十九大报告强调要加快数字技术的发展，支持产业结构优化升级，提升产业效率，拓展新产业，建设现代化的产业体系。

互联网的发展和数字技术的应用已实现了与农业、工业和服务业的深度融合，提高了各行业的技术含量，优化了经济结构，促进了社会经济的高效健康发展。尤其是服务业，云计算、大数据及人工智能的发展为服务业提供了新的技术元素，服务业生产方式、产品内容和产业结构均发生了深刻变化，数字音乐、数字电影、数字游戏等新兴服务产业层出不穷。数字化、信息化、智能化已成为服务业新的发展方向。

鉴于数字技术与服务业的产业融合度远远大于农业和工业，本书继续检验数字贸易壁垒对全球价值链的影响是否存在行业差异性。本书根据亚洲开发银行（ADB）投入产出表将样本分为农业、工业和服务业三类，农业是 C1～C2 共 2 个行业，工业是 C3～C18 共 16 个行业，服务业是为 C19～C35 共 17 个行业，分别以数字贸易壁垒对全球价值链进行分组回归。回归结果如表 7-4 所示，第（1）列是数字贸易壁垒对农业价值链分工的回归，第（2）列是数字贸易壁垒对工业价值链分工的回归，第（3）列是数字贸易壁垒对服务业价值链分工的回归。

表 7 - 4 基于农业、工业和服务业的分析

变量	(1)	(2)	(3)
	农业	工业	服务业
数字贸易壁垒	- 0. 0903 * (- 1. 6783)	- 0. 1340 *** (- 5. 2086)	- 0. 1708 *** (- 6. 1283)
本国 GDP	- 0. 0251 *** (- 4. 0039)	- 0. 0287 *** (- 11. 3321)	- 0. 0266 *** (- 5. 9362)
伙伴国 GDP	- 0. 0253 *** (- 3. 0865)	- 0. 0239 *** (- 10. 1558)	- 0. 0320 *** (- 11. 7365)
伙伴国距离	- 0. 0248 *** (- 3. 5690)	- 0. 0158 *** (- 9. 1356)	- 0. 0197 *** (- 5. 9127)
FTA 是否生效	- 0. 0148 (- 1. 2406)	0. 0051 (1. 5838)	0. 0110 * (2. 0217)
关税	- 0. 0276 ** (- 2. 0922)	- 0. 0116 *** (- 2. 9206)	0. 0011 (0. 2561)
劳动生产率	0. 0098 (0. 8281)	0. 0097 ** (2. 6301)	0. 0476 *** (7. 6663)
资本产出率	0. 1113 (1. 5549)	0. 0737 *** (7. 8224)	- 0. 0069 (- 0. 3676)
行业 FDI 监管水平	- 0. 1143 (- 0. 8612)	- 0. 1127 ** (- 2. 2520)	0. 2217 (1. 6178)
常数项	1. 6486 *** (3. 2673)	1. 7739 *** (24. 8118)	1. 6148 *** (9. 0116)
行业固定效应	是	是	是
伙伴国固定效应	是	是	是
时间固定效应	是	是	是
观测值	10656	85248	90576
R^2	0. 0128	0. 0773	0. 2223

回归结果显示：数字贸易壁垒对农业、工业和服务业全球价值链分工的影响均显著为负，但系数大小存在差异，对服务业价值链分工的回

归系数绝对值最大，为 -0.1708，其次是对工业价值链分工的回归系数 -0.1340，最后是对农业价值链分工的回归系数 -0.0903，显著性较工业和服务业也更小，说明数字贸易壁垒对服务业全球价值链分工的阻碍作用最大，其次是工业，对农业全球价值链分工的阻碍作用最小。数字技术与服务业的融合度大于工业，农业生产因多采用较为原始传统的方式，数字化需求较低，与数字技术的融合度最低，因此当存在数字贸易壁垒时，阻断了国外新进数字技术的进入，参与全球价值链分工的服务产品生产受限最大，其次是工业，最后是农业，因此数字贸易壁垒对服务业参与国际分工的抑制效应更大。

7.2.2　基于制造业投入服务化的视角

世界经济正处在新旧动能转换期，制造业投入服务化成为当前经济结构转型的典型特征。制造业投入服务化是指制造业中的服务要素的投入比例越来越高。由 OECD 最新数据测算发现，发达国家的制造业投入服务化水平超过了 60%，而主要发展中国家的制造业投入服务化水平也超过了 40%。从时间趋势看，近十年来各主要经济体的制造业投入服务化水平在逐渐提高，特别在后金融危机时期，除欧盟保持基本平稳外，美国、中国等国家增长趋势十分明显。

制造业投入服务化与全球价值链分工以及价值链升级紧密相关（刘斌等，2016；刘玉荣和刘芳，2018；马盈盈和盛斌，2018）。一方面，制造业投入服务化有助于制造业企业优化生产方式，提高人力资本水平，促进企业研发创新（高传胜和刘志彪，2005；原毅军等，2007），以此提高产品的出口技术复杂度（马盈盈和盛斌，2018），促进产品在全球价值链中的竞争优势；另一方面，制造业投入服务化能完善物流运输、售后服务等环节实现产品差异化，提高产品的附加值，促进全球价值链升级。

本书已经检验了数字贸易壁垒对服务业全球价值链分工的抑制作用最大，那么数字贸易壁垒对制造业中不同服务投入水平的行业影响是否存在差异？是否会对制造业投入服务化水平高的行业影响作用更大？鉴于此，本书引入制造业投入服务化指标。当前学界量化制造业投入服务化水平的主流方法是投入产出法。本书在帕克（Park，1994）、雷（Lay，

2010)、顾乃华和夏杰长（2010）、黄群慧和霍景东（2014）、杨玲（2015）等研究的基础上，利用 2018 版亚洲开发银行（ADB）数据，以制造业中服务要素投入与总投入的比值表示制造业投入服务化水平。投入产出法又可细分为两种，第一种方法是直接消耗系数法，第二种方法是完全消耗系数法。直接消耗系数是指某一部门生产一单位产出所需要其他各部门的直接投入数量。其计算公式为：

$$\text{Servitization}_{ij}^{\text{direct}} = S_{ij}/T_j \qquad (7.2)$$

其中，$\text{Servitization}_{ij}^{\text{direct}}$ 代表制造业 j 的投入服务化水平（由直接消耗系数测算），S_{ij} 代表制造业 j 中服务业 i 的投入，T_j 代表制造业 j 中所有行业的投入。

各部门在生产过程中不仅需要其他各部门的直接投入，还需要间接投入。直接投入和间接投入的总和是完全消耗。因此，各制造业部门所使用的服务业部门的直接投入和间接投入就是制造业部门对服务业部门的完全消耗。以汽车制造为例，汽车制造需要运输服务配置零部件，这是汽车制造对运输服务的直接消耗，而轮胎、发动机、玻璃等零部件的制造也需要消耗运输服务，这构成了汽车制造对运输服务的第一次间接消耗，依次向上游类推，还有第二次、第三次等对运输服务的间接消耗，直接消耗与所有的间接消耗的和构成了汽车制造对运输服务的完全消耗。计算公式为：

$$\text{Servitization}_{ij}^{\text{complete}} = \alpha_{ij} + \sum_{k=1}^{n} \alpha_{ik}\alpha_{kj} + \sum_{s=1}^{n}\sum_{k=1}^{n} \alpha_{is}\alpha_{sk}\alpha_{kj} + \cdots \qquad (7.3)$$

其中，$\text{Servitization}_{if}^{\text{complete}}$ 是表示制造业 j 的服务要素投入水平（即完全消耗系数），公式右边第一项是制造部门 j 对服务部门 i 的直接消耗，第二项是第一次间接消耗，第三项是第二次间接消耗，依此类推，第 $n+1$ 项为第 n 次间接消耗，累加起来即是完全消耗。与直接消耗系数法相比，完全消耗系数法能够更加精确地计算出制造业部门对服务业部门的消耗数量，也更加全面地揭示了制造业部门与服务业部门的直接联系和间接联系。

本部分只保留制造业行业样本，引入制造业投入服务化与数字贸易壁垒形成交互，检验其对全球价值链分工的影响。回归结果如表 7-5 所示，第（1）列引入了制造业投入服务化直接消耗系数与数字贸易壁垒形成交互对全球价值链分工进行回归，第（2）列引入了制造业投入服务化完全消耗系数与数字贸易壁垒形成交互对全球价值链分工进行回归。回归结果显示，无论是直接消耗系数还是间接消耗系数，数字贸易壁垒与制造业投入服务化的交互项均显著为负，说明制造业投入服务化水平越高，数字贸易壁垒对全球价值链分工的阻碍作用越大，验证了本书理论模型中的命题三。制造业投入服务化水平高的行业，往往数字要素投入密集度也较高，因此数字贸易壁垒的存在会阻断国外数字要素的进入，降低了制造业中间品及最终品的技术复杂度，减弱其在全球价值链分工中的竞争优势，抑制其全球价值链分工水平。

表7－5　　　　　　　　　基于制造业投入服务化的分析

变量	（1）	（2）
	直接消耗	完全消耗
制造业投入服务化	0.1409 (0.5216)	0.5885 *** (39.0243)
数字贸易壁垒	0.1672 * (1.9123)	0.1295 *** (3.3223)
数字贸易壁垒×制造业投入服务化	－0.1445 ** (－3.0052)	－0.1883 ** (－2.0423)
本国 GDP	－0.1384 *** (－8.0330)	－0.0262 (－0.7698)
伙伴国 GDP	－0.0245 *** (－6.2600)	－0.0049 (－0.1492)
伙伴国距离	－0.0116 *** (－4.0069)	0.0057 *** (3.1897)
FTA 是否生效	－0.0081 ** (－2.2289)	0.0067 *** (2.7675)
关税	－0.0249 *** (－5.8644)	0.0200 *** (11.0995)
劳动生产率	0.0933 *** (3.6765)	－0.0013 (－0.0315)

变量	(1)	(2)
	直接消耗	完全消耗
资本产出率	-0.0172 (-1.3914)	0.0348 *** (2.8711)
行业 FDI 监管水平	-0.3223 (-0.9286)	-0.3442 (-1.3965)
常数项	4.1838 *** (10.3588)	0.7792 (0.7380)
行业固定效应	是	是
伙伴国固定效应	是	是
时间固定效应	是	是
观测值	74592	74592
R^2	0.0875	0.1381

7.2.3 基于行业数字化的视角

在第四次工业革命的背景下，以人工智能、云计算、物联网、5G、大数据为代表的新一代数字技术不断突破和迅速发展，逐步与各行业实现了深度融合，深刻地改变了各行业的生产方式和交易方式，行业数字化趋势明显，但各国数字贸易仍存在诸多限制。行业数字化进程中对数字要素（特别是高技术含量的数字要素）不断上升与数字贸易壁垒之间存在结构性矛盾。

本书继续检验数字贸易壁垒对全球价值链的影响是否存在行业数字化差异。关于行业数字化指标，本书参考制造业投入服务化指标的构建方法，使用直接消耗系数法计算行业数字化。参照 OECD 对数字经济的概念，数字化主要涉及的行业包括信息通信行业、互联网基础设施以及电子商务，由于后两部分无法在投入产出表中界定具体行业，因此本书选取了亚洲开发银行投入产出表中 C14（电子和光学投入）和 C27（邮政和电信投入）投入之和作为狭义的数字行业投入，各行业中数字行业投入占总投入的比重为行业数字化水平。计算公式为：

$$Digital_{ij} = D_{ij}/T_j \tag{7.4}$$

其中，$Digital_{ij}$表示 j 行业的数字化水平，D_{ij}表示 j 行业中的数字行业 i 的投入总和，T_j表示 j 行业中各行业的总投入。

回归结果如表7-6所示，第（1）列是核心解释变量行业数字化水平、数字贸易壁垒与两者交互项对全球价值链分工的回归，第（2）列引入了引力模型控制变量，第（3）列引入了国家/行业特征变量。回归结果显示，在逐步加入控制变量的情况下，行业数字化水平与数字贸易壁垒的交互项显著为负，说明行业数字化水平越高，数字贸易壁垒对全球价值链分工的阻碍作用越大。数字贸易壁垒的存在阻碍了最优服务要素的进入，投入—产出的"涟漪效应"势必会增加各行业中间品及最终品的生产成本，如此一来，各国会重新考量中间品的外包决策和分工模式，部分行业中间品制造"回流"到本国国内，进而降低全球价值链分工水平。

表7-6　　　　　　　　　　　基于行业数字化的分析

变量	（1）	（2）	（3）
行业数字化水平	0.1204 ** (5.1935)	0.1153 *** (4.0062)	0.1227 *** (4.4862)
数字贸易壁垒	-0.4902 *** (-18.2308)	-0.1199 *** (-9.6975)	-0.1207 *** (-9.8052)
数字贸易壁垒× 行业数字化水平	-0.3826 *** (-7.2102)	-0.3394 ** (-2.1060)	-0.3493 ** (-2.4306)
本国 GDP		-0.0366 * (-1.9177)	-0.0903 *** (-2.7949)
伙伴国 GDP		-0.0275 *** (-26.9784)	-0.0275 *** (-27.0069)
伙伴国距离		-0.0166 *** (-12.9209)	-0.0166 *** (-12.9193)
FTA 是否生效		-0.0070 * (-1.8489)	-0.0070 * (-1.8557)

变量	(1)	(2)	(3)
关税		−0.0239 *** (−7.0865)	−0.0238 *** (−7.0785)
劳动生产率			0.0792 ** (2.1539)
资本产出率			−0.0214 (−1.2623)
行业 FDI 监管水平			0.0066 (0.6125)
常数项	0.4133 *** (111.4073)	2.3386 *** (4.4080)	3.0384 *** (4.8790)
行业固定效应	是	是	是
伙伴国固定效应	是	是	是
时间固定效应	是	是	是
观测值	186480	186480	186480
R^2	0.2312	0.2541	0.2541

7.3　拓展分析三：基于价值链长度和位置

7.3.1　基于生产步长的视角

随着全球生产分工的发展，生产过程被分割为不同的环节，生产步长逐渐成为国内外学者的研究热点。生产步长是指从一国或一部门的初始投入到最终产品之间的生产阶段数，反映了生产过程的复杂性。随着数字技术的发展，物联网、大数据、云计算等新兴数字产业已逐步嵌入到全球价值链分工中，数字要素投入增多，嵌入到生产阶段的方方面面，那么各国对数字产业的限制，比如数字贸易壁垒，会对生产步长产生什么影响？本书参考了 UIBE GVC 指标体系①（Wang et al.，2017a），引入生产步长指标，对数字贸易壁垒对其的影响进行了检验。

王等（Wang et al.，2017a）利用投入产出表，计算了生产要素的累计总产出与总增加值，以此来构建生产步长指标，矩阵计算形式为：

$$PLvy = \frac{\hat{V}BB\hat{Y}}{\hat{V}B\hat{Y}} \tag{7.5}$$

V 表示增加值系数矩阵，$\hat{V}$ 表示增加值系数对角矩阵，B 是里昂惕夫（Leontief）逆矩阵，Y 表示总产出矩阵，$\hat{Y}$ 是 GN * GN 的总产出对角矩阵。μ 是 1 * N 的单位向量，其所有的元素都等于 1。分母是 r 国 j 部门总产出中 s 国 i 部门贡献的总增加值，分子是由增加值引起的生产链条中累积的总产出。当增加值在生产阶段被用作投入时，无论是作为主要投入还是体现在中间投入，都将被视为产出。因此，一个生产链条的长度是指从第一次作为主要投入，到被最终产品吸收为止，在生产链条中作为产出计算的增加值次数。

王等（Wang et al.，2017a）将总生产步长细分为纯国内消费的生产步长、传统贸易的生产步长与价值链生产步长，如图 7-1 所示。

99

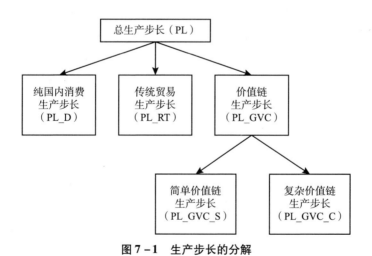

图 7-1　生产步长的分解

价值链生产步长（PL_GVC）是一个国家部门的生产要素创造的增

① 具体网址为：http：//139.129.209.66：8000/d/daedafb854/。

加值在连续生产过程中被算作总产出的平均次数，等于累计总产出与相应的总增加值之比，反映了跨境生产过程中的复杂程度。价值链生产步长根据跨境次数又可以被分解为简单价值链参与生产步长（PL_GVC_S）和复杂价值链参与生产步长（PL_GVC_C），该处的"简单价值链"与"复杂价值链"分别指生产活动跨境一次和跨境两次及以上。复杂价值链参与生产步长又包括返回增加值部分的生产步长（PL_GVC_R）与本国增加值出口到第三国部分的生产步长（PL_GVC_F）。

进一步地，王等（Wang et al.，2017a）根据 GDP 进行了生产步长的前向分解；根据总产出进行了生产步长的后向分解。前向生产步长指标测度了一单位增加值所引致的总产出，生产链条越长，下游生产阶段数越大；后向生产步长指标测度了一单位总产出所需要的所有上游生产部门的中间投入，生产链条越长，一单位总产出的上游生产阶段数也越大。其计算公式分别为：

$$PLv = PLv\_D + PLv\_RT + PLv\_GVC = \frac{Xv\_D}{V\_D} + \frac{Xv\_RT}{V\_RT} + \frac{Xv\_GVC}{V\_GVC}$$

$$(7.6)$$

$$PLv\_GVC = PLv\_GVC\_S + PLv\_GVC\_C = \frac{Xv\_GVC\_S}{V\_GVC\_S} + \frac{Xv\_GVC\_C}{V\_GVC\_C}$$

$$(7.7)$$

$$PLy = PLy\_D + PLy\_RT + PLy\_GVC = \frac{Xy\_D}{Y\_D} + \frac{Xy\_RT}{Y\_RT} + \frac{Xy\_GVC}{Y\_GVC}$$

$$(7.8)$$

$$PLy\_GVC = PLy\_GVC\_S + PLy\_GVC\_C = \frac{Xy\_GVC\_S}{Y\_GVC\_S} + \frac{Xy\_GVC\_C}{Y\_GVC\_C}$$

$$(7.9)$$

其中，PLv、PLy 分别表示基于前向和后向分解的总生产步长。前向生产步长和后向生产步长又分为了纯本国部分的生产步长（PLv_D 和 PLy_D）、传统贸易部分的生产步长（PLv_RT 和 PLy_RT）和价值链部分的生产步长（PLv_GVC 和 PLy_GVC），价值链部分的生产步长又可以分为简单价值链参与部分的生产步长（PLv_GVC_S 和 PLy_GVC_S）和复杂价值链参与部分的生产步长（PLv_GVC_C 和 PLy_GVC_C），复杂价值链参与部分的生产步长又包括返回增加值部分的生产步长（PLv_GVC_R 和 PLy_GVC_R）与本国增加值出口到第三国部分的生产步长

（PLv_GVC_F 和 PLy_GVC_F）。

V_D、V_RT 和 V_GVC 分别表示前向分解中纯本国生产部分、传统贸易部分和价值链参与部分的国内增加值，Xv_D、Xv_RT 和 Xv_GVC 分别表示纯本国生产部分、传统贸易部分和价值链参与部分中由国内增加值引致的总产出。V_GVC_S 和 V_GVC_C 分别表示前向分解中简单价值链参与与复杂价值链参与中的国内增加值，Xv_GVC_S 和 Xv_GVC_C 则分别表示简单价值链参与与复杂价值链参与中由国内增加值部分引致的总产出。Y_D、Y_RT 和 Y_GVC 分别表示后向分解中纯本国生产部分、传统贸易部分和价值链参与部分的产品与服务，Xy_D、Xy_RT 和 Xy_GVC 分别表示纯本国生产部分、传统贸易部分和价值链参与部分中由产品与服务引致的总产出。Y_GVC_S 和 Y_GVC_C 分别表示后向分解中简单价值链参与与复杂价值链参与中的最终产品与服务的分解部分，Xy_GVC_S 和 Xy_GVC_C 则分别表示由简单价值链参与与复杂价值链参与中最终产品与服务引致的总产出。

　　本部分以数字贸易壁垒分别对前向总生产步长（PLv）、前向价值链生产步长（PLv_GVC）、前向简单价值链生产步长（PLv_GVC_S）、前向复杂价值链生产步长（PLv_GVC_R 和 PLv_GVC_F）进行了回归，回归结果如表 7 - 7 所示。以数字贸易壁垒分别对后向总生产步长（PLy）、后向价值链生产步长（PLy_GVC）、后向简单价值链生产步长（PLy_GVC_S）、后向复杂价值链生产步长（PLy_GVC_R 和 PLy_GVC_F）进行了回归，回归结果如表 7 - 8 所示。表 7 - 7 和表 7 - 8 显示，数字贸易壁垒对所有前向和后向生产步长的回归均显著为负，但数字贸易壁垒的系数大小有所差异，与总生产步长相比，对价值链生产步长的回归系数绝对值较大，在对复杂价值链生产步长的回归中，数字贸易壁垒对本国增加值出口到第三国部分的生产步长的回归系数绝对值较大，对返回增加值部分的生产步长的回归系数绝对值较小。说明数字贸易壁垒缩短了产品生产的生产步长，尤其是对价值链分工中的生产步长影响较大，而在复杂价值链分工中，对本国增加值出口到第三国部分的生产步长抑制作用较大。数字贸易壁垒的存在阻断了国家间的部分数字要素投入，甚至可能"截断"整个生产链条，参与生产的国家越多，数字贸易壁垒对生产步长的影响也就越大，因此数字贸易壁垒对全球价值链生产步长的阻碍较大，尤其是与返回增加值部分的生产步长相比，本国增加值出口到第三国的部分，涉及三个国家，受到的抑制作用会更大。

表 7-7 基于前向生产步长的分析

变量	(1) PLv	(2) PLv_GVC	(3) PLv_GVC_S	(4) PLv_GVC_R	(5) PLv_GVC_F
数字贸易壁垒	-0.0157*** (-4.1170)	-0.0490*** (-3.2058)	-0.0428** (-2.4823)	-0.0268** (-2.0570)	-0.0592*** (-6.0108)
本国 GDP	-0.0476*** (-3.7295)	0.0131*** (17.8600)	0.0205*** (12.9736)	0.0350*** (45.1830)	0.0072*** (16.6061)
劳动生产率	0.0673** (2.7194)	0.0083*** (10.6692)	0.0026 (0.6959)	-0.0109*** (-7.3609)	0.0084*** (10.0700)
资本产出率	-0.0382** (-2.3497)	0.0130*** (4.4982)	0.0392*** (2.8544)	0.0571*** (10.9336)	-0.0063** (-2.3632)
行业 FDI 监管水平	-0.0803 (-1.1967)	0.0919*** (26.2034)	-0.0625 (-1.4878)	-0.0763*** (-7.5898)	0.1533*** (29.4444)
常数项	2.0009*** (7.5702)	1.4993*** (19.3470)	0.8462*** (14.2657)	0.8665*** (26.5746)	1.6074*** (7.6382)
行业固定效应	是	是	是	是	是
本国固定效应	是	是	是	是	是
时间固定效应	是	是	是	是	是
观测值	5180	5180	5180	5180	5180
R^2	0.7290	0.0314	0.3578	0.3097	0.0280

表 7-8 基于后向生产步长的分析

变量	(1) PLy	(2) PLy_GVC	(3) PLy_GVC_S	(4) PLy_GVC_R	(5) PLy_GVC_F
数字贸易壁垒	-0.0042** (-2.1432)	-0.0656*** (-2.7696)	-0.0308*** (-2.6320)	-0.0243** (-2.3604)	-0.0539*** (-3.5082)
本国 GDP	-0.0828*** (-26.6377)	0.0216*** (18.8745)	0.0226*** (18.0149)	0.0395*** (68.0806)	0.0201*** (26.4495)

变量	（1）	（2）	（3）	（4）	（5）
	PLy	PLy_GVC	PLy_GVC_S	PLy_GVC_R	PLy_GVC_F
劳动生产率	0.0389 *** （13.9331）	− 0.0223 *** （− 9.1552）	− 0.0195 *** （− 8.6679）	− 0.0184 *** （− 16.5544）	− 0.0182 *** （− 12.4020）
资本产出率	− 0.0221 *** （− 10.2216）	0.0547 *** （8.5790）	0.0558 *** （9.0060）	0.0640 *** （17.1134）	− 0.0090 ** （− 2.2876）
行业 FDI 监管水平	− 0.0359 *** （− 4.0481）	− 0.0733 *** （− 11.8560）	− 0.0371 *** （− 5.4462）	− 0.0928 *** （− 12.6785）	0.0282 *** （6.0706）
常数项	2.9045 *** （38.2460）	1.8918 *** （23.6104）	1.7627 *** （20.0776）	0.7209 *** （28.9703）	2.2846 *** （39.6785）
行业固定效应	是	是	是	是	是
本国固定效应	是	是	是	是	是
时间固定效应	是	是	是	是	是
观测值	5180	5180	5180	5180	5180
R^2	0.6591	0.0254	0.0378	0.0518	0.0737

7.3.2　基于跨境次数的视角

本部分继续检验数字贸易壁垒对跨境次数的影响。跨境次数是指产品生产过程中的跨境平均次数。本书参考了 UIBE GVC 指标体系（Wang et al.，2017a），度量了跨境次数。在亚洲开发银行（ADB）2018 版投入产出表的数据基础上，其矩阵计算形式为：

$$CB = \frac{\hat{V}BA^E B\hat{Y} - \hat{V}LA^E L\hat{Y}^D}{\hat{V}LA^E \ (B\hat{Y} - L\hat{Y}^D)} \tag{7.10}$$

CB 表示产品生产中的跨境平均次数，V 表示增加值系数矩阵，$\hat{V}$ 表示增加值系数对角矩阵，B 是 Leontief 逆矩阵，Y 表示总产出矩阵，$\hat{Y}$ 是 GN * GN 的总产出对角矩阵，A 表示直接消耗系数矩阵，L =（1 − A^D）$^{-1}$ 表示局部 Leontief 逆矩阵，上标 D、E 分别表示本国部分和从国外进口部分。

王等（Wang et al.，2017a）根据 GDP 和总产出对跨境次数做了前向和后向分解，并分别将前向和后向跨境次数分解为返回增加值部分的跨境次数（cbv_d、cby_d）和本国增加值出口到第三国部分的跨境次数（cbv_f、cby_f）。本书引入跨境次数以数字贸易壁垒对其进行了回归，表7－9是基于前向跨境次数的分析，第（1）列是数字贸易壁垒对返回增加值部分跨境次数（cbv_d）的回归，第（2）列是数字贸易壁垒对本国增加值出口到第三国部分的跨境次数（cbv_f）的回归；表7－10是基于后向跨境次数的分析，第（1）列是数字贸易壁垒对返回增加值部分跨境次数（cby_d）的回归，第（2）列是数字贸易壁垒对本国增加值出口到第三国部分的跨境次数（cby_f）的回归。

表7－9　　　　　　　　　　基于前向跨境次数的分析

变量	(1)	(2)
	cbv_d	cbv_f
数字贸易壁垒	－0.0560 *** (－8.3077)	－0.0212 ** (－2.0954)
本国 GDP	－1.9669 ** (－24.9407)	0.0013 (0.5343)
劳动生产率	－0.1907 *** (－10.8128)	－0.0232 *** (－4.4100)
资本产出率	－0.9525 * (－1.8425)	0.0348 ** (2.2818)
行业 FDI 监管水平	－0.1237 (－0.9278)	－0.1128 *** (－3.6713)
常数项	71.1132 *** (25.9295)	－1.7807 *** (－22.4093)
行业固定效应	是	是
本国固定效应	是	是
时间固定效应	是	是
观测值	5180	5180
R^2	0.2290	0.0069

表 7 - 10　　　　　　　　基于后向跨境次数的分析

变量	(1)	(2)
	cby_d	cby_f
数字贸易壁垒	- 0.2207 *** (- 4.4060)	- 0.0091 ** (- 2.2488)
本国 GDP	- 0.0470 *** (- 21.9921)	0.0178 *** (18.8693)
劳动生产率	0.0172 *** (3.9040)	- 0.0180 *** (- 8.4985)
资本产出率	0.0467 *** (3.6931)	- 0.0478 *** (- 7.7220)
行业 FDI 监管水平	- 0.1292 *** (- 5.0778)	0.0047 (0.2932)
常数项	1.8815 *** (29.0035)	1.1938 *** (36.3379)
行业固定效应	是	是
本国固定效应	是	是
时间固定效应	是	是
观测值	5180	5180
R^2	0.1910	0.6570

回归结果显示：数字贸易壁垒对前向分解和后向分解中跨境次数的回归结果均显著为负，但返回增加值部分的系数绝对值均大于本国增加值出口到第三国的系数。说明数字贸易壁垒减少了全球价值链分工中的跨境次数，尤其是对返回增加值部分跨境次数抑制作用更大。鉴于本书数字贸易壁垒是双边维度，返回增加值部分的价值链分工是只涉及两国的国际生产分工，因此当存在数字贸易壁垒时，返回增加值部分的跨境次数受到的影响更大；本国增加值出口到第三国的部分则是跨境两次以上的国际生产分工，因而当存在数字贸易壁垒时，伙伴国可以选择转向其他数字贸易壁垒较小的国家，因而受数字贸易壁垒的影响较小。

7.3.3　基于平均传递步长的视角

据统计，大数据、云计算、5G 等数字技术已近乎存在于每一件产品和每一项服务中，以其虚拟性和高附加值的特点嵌入到了不同产业和不同经济实体中，促进了各生产要素在行业间的流动，对产业的跨界融合产生了强大的推动力。在数字经济背景下，实体经济边界得到了扩展，产业边界逐渐收缩，甚至消失，产业间关联性增强，产业融合的演化趋势愈发明显。

数字贸易壁垒对产业间的关联性有什么影响？本书引入平均传递步长指标进行检验。平均传递步长（Average Propagation Length）是指产业或部门之间的联系距离，指一个行业的外部冲击在对另一个行业产生影响之前必须经历的平均阶段数，用来衡量两个行业之间产业间联系的平均距离，关注重点在生产总值在各部门之间的传播传递，由迪岑巴赫等（Dietzenbacher et al.，2005）首次提出。井田（Inomata，2008）和埃斯凯思和井田（Escaith and Inomata，2013）利用国家间的投入产出表对平均传递步长进行了具体的量化计算。王等（Wang et al.，2017a）根据 GDP 和总产出对平均传递步长进行了前向和后向的分解。平均传递步长可以由 Ghosh 矩阵或 Leontief 逆矩阵单独计算，而不涉及行业增加值。如果一个封闭经济体的总产出和 GDP 是稳定的，那么它的平均生产长度也是稳健的。具体计算公式为：

$$APL = \frac{G(G-I)}{G-I} = \frac{B(B-I)}{B-I} \tag{7.11}$$

其中，APL 是平均传递步长，B 是 Leontief 逆矩阵，G 是 Ghosh 逆矩阵，I 是单位矩阵。

本书借鉴王等（Wang et al.，2017a）的研究，引入前向平均传递步长（APL_f）和后向平均传递步长（APL_b）以数字贸易壁垒对其分别进行了回归，回归结果如表 7 – 11 所示。第（1）列是数字贸易壁垒对前向平均传递步长（APL_f）的回归，第（2）列是数字贸易壁垒对后向平均传递步长（APL_b）的回归，回归结果显示数字贸易壁垒对前向平均传递步长和后向平均传递步长的影响均显著为正，说明数字贸易壁垒增加了产业间联系的平均距离，阻碍了产业之间的生产分工联系，降低了生产分工在价值链网络中的复杂程度，一定程度上阻碍了全球价值链的深度扩张。

表7-11 基于平均传递步长的分析

变量	(1)	(2)
	APL_f	APL_b
数字贸易壁垒	0.0085 *** (2.7901)	0.0063 *** (3.8449)
本国 GDP	-0.0267 *** (-6.2246)	-0.0400 *** (-8.5886)
劳动生产率	0.0174 *** (5.8363)	0.0262 *** (14.1861)
资本产出率	-0.0261 *** (-5.4375)	-0.0194 *** (-8.4958)
行业 FDI 监管水平	-0.0335 (-0.6381)	-0.0145 (-0.4191)
常数项	1.6290 *** (14.6135)	1.9598 *** (16.0833)
行业固定效应	是	是
本国固定效应	是	是
时间固定效应	是	是
观测值	5180	5180
R^2	0.3929	0.7924

7.3.4 基于价值链位置的视角

全球价值链位置主要指全球价值链上游度和下游度。上游度是指一国行业或部门产品离最终需求的距离，或所需的生产阶段数；下游度则正好相反，是指一国行业或部门产品离生产链条起始阶段的距离。如果一国行业或部门产品直接进入市场作为最终需求品，则该产品的上游度是1。

全球价值链位置的研究始于法利（Fally，2012），安特拉等（Antras

et al., 2012)、安特拉和楚（Antras and Chor，2013）根据 OECD 投入产出表对全球价值链上游度和下游度进行了量化计算，但 OECD 投入产出表是一国层面，只能计算国内各行业的全球价值链位置，无法进行国家间的比较。王等（Wang et al.，2017a）从理论层面解决了安特拉等（Antras et al.，2012）的上游度和下游度无法进行跨国比较的问题，认为全球价值链地位指数是一个相对的衡量指标。如果一个国家/部门在某一特定生产阶段参与全球价值链，之前发生的生产阶段越少，则该国家/部门在特定全球价值链中的地位就越上游。另一方面，之后的生产阶段数量越少，国家/部门在全球价值链中的位置就越下游。说明全球价值链位置指数需要考虑到全球价值链两端的长度阶段。根据上文前、后向生产阶段的讨论可知，在全球生产网络中，若某国家部门的前向联系越长，该国家部门越处于上游。相反，若该国家部门的后向联系越长，则该国家部门越处于下游。王等（Wang et al.，2017a）将全球价值链位置定义为：

$$\text{GVCPs} = \frac{\text{PLv\_GVC}}{[\text{PLy\_GVC}]'} \tag{7.12}$$

其中，GVCPs 表示全球价值链位置，PLv_GVC、PLy_GVC 分别表示前向和后向价值链生产步长。全球价值链位置与生产步长密切相关，但生产长度不能直接表示全球价值链位置。全球价值链位置是一个相对概念，需要综合考虑一部门的前向和后向生产长度。如果一国部门 A 相比另一国部门 B 处于上游，那么另一国部门 B 必定比一国部门 A 处于更下游的位置。

鉴于数字要素投入等多处于生产链条的结束端，即下游位置，那么数字贸易壁垒对行业的全球价值链位置会产生什么影响？本书借鉴王等（Wang et al.，2017a）的量化方法，引入全球价值链位置指标进行检验。表 7 - 12 第（1）列是数字贸易壁垒对全球价值链位置指标的回归，回归结果显示数字贸易壁垒的回归系数显著为正，说明数字贸易壁垒提升了全球价值链位置，提高了行业的上游度。本书进一步引入以安特拉等（Antras et al.，2012）方法计算的上游度指标（pos_up）和下游度指标（pos_down）进行稳健性检验，回归结果分半如表 7 - 12 第（2）列和第（3）列所示，数字贸易壁垒对行业上游度的回归系数显著为正，对行业下游度的回归系数显著为负，进一步证明了本书的结论，数字贸易壁垒提升了行业的上游度，降低了行业的下游度。数字要素投入多为服务投入，在生产分工中多处于下游，甚至直接被作用于最终需求，数字贸易壁垒的存在必然会抑制行业国际分工中的数字要素投入，相对提升上游中间品投入，因此行业上游度会相应上升，不利于全球价值链分工位置的攀升。

表 7-12　　　　　　　　　基于价值链位置的分析

变量	(1)	(2)	(3)
	GVCPs	pos_up	pos_down
数字贸易壁垒	0.0727 ** (1.9862)	0.2039 ** (2.4968)	-0.2088 *** (-3.5882)
本国 GDP	-0.0003 (-0.1703)	-0.0148 *** (-4.0425)	0.0076 *** (2.9254)
劳动生产率	0.0189 *** (5.8620)	0.0493 *** (6.0874)	-0.0234 *** (-4.0531)
资本产出率	0.0004 (0.0483)	0.2054 *** (8.5650)	-0.1727 *** (-10.1030)
行业 FDI 监管水平	0.0237 (1.2725)	-0.1313 *** (-2.7355)	0.4084 *** (11.9400)
常数项	0.4801 *** (10.1312)	-0.0045 (-0.0359)	-0.1896 ** (-2.1455)
行业固定效应	是	是	是
本国固定效应	是	是	是
时间固定效应	是	是	是
观测值	5180	5180	5180
R^2	0.0088	0.0212	0.0427

7.4　本章小结

本章分别基于国家异质性、行业异质性、价值链长度和位置对数字贸易壁垒和全球价值链分工进行了拓展分析。

　　首先，国家异质性方面，从发达国家和发展中国家视角、大国小国视角和制度距离视角对数字贸易壁垒对全球价值链分工的影响进行了国家层面的拓展分析。第一，数字贸易壁垒对发展中国家全球价值链分工的阻碍作用更大，对发达国家全球价值链分工的阻碍作用较小。发展中国家为保护本国数据安全和数字产业的发展，往往会设置更为严格的数字贸易壁垒，如此数字贸易壁垒便会减少发达国家的国际外包数量，减少了发展中国家国际分工的参与。另外，信息和数据的流通阻断，也阻断了国家间的数字技术交流，减少了发达国家对发展中国家的技术外溢，不利于发展中国家价值链的位置提升和价值链升级。第二，数字贸易壁垒对小国间价值链分工的阻碍效应最大，其次是大国对小国、大国间，最小的是小国对大国的价值链分工。小国一般不具备数字技术优势，与小国进行的数字贸易替代性较强，因此小国间的国际分工和大国对小国的国际分工，受数字贸易壁垒影响较大，尤其是小国间的价值链分工，小国间的数字贸易壁垒会使双方迅速转向其他国家；而大国往往具有技术、专利、知识产权等优势，与其进行的数字贸易往往不易被替代，因此大国间的国际分工和小国对大国的国际分工，受数字贸易壁垒影响较小，尤其是小国对大国的国际生产分工，小国转向其他国家的可能性较小，价值链分工受数字贸易壁垒的影响最小。第三，数字贸易壁垒对制度距离远的国家间的价值链分工的阻碍作用更大，对制度距离近的国家间的价值链分工的阻碍作用较小。数字贸易壁垒对全球价值链分工有阻碍作用，但当贸易双方的制度距离较近时，能降低双方的贸易不确定性，减少交易风险，降低交易成本和履约成本，在一定程度上抵消了一部分数字贸易壁垒对全球价值链分工的阻碍作用，因此，与制度距离较远的贸易伙伴国相比，数字贸易壁垒对制度距离较近的贸易伙伴国的全球价值链分工阻碍更小。

　　其次，行业异质性方面，从农业、工业和服务业视角、制造业投入服务化视角和行业数字化视角对数字贸易壁垒对全球价值链分工的影响进行了行业层面的拓展分析。第一，数字贸易壁垒对服务业全球价值链分工的阻碍作用最大，其次是工业，对农业全球价值链分工的阻碍作用最小。数字技术逐步与各行业实现了深度融合，尤其是与服务业的融合度最大，显著大于工业，农业生产因多采用较为原始传统的方式，数字化需求较低，与数字技术的融合度最低，因此当存在数字贸易壁垒时，阻断了国外先进数字技术的进入，参与全球价值链分工的服务产品生产受限最大，其次是工业，最后是农业，数字贸易壁垒对农业参与国际分工的抑制效应最小。第二，制造业投入服务化水平越高，数字贸易壁垒对全球价值链分工的阻碍作用越大。根据本书的理论模型，制造业投入服务化水平高的行业，服务要素投入密集度往往较高，数字贸易壁垒的存在阻断了国外数字要素的进入，降低了这些行业中间品及最终品的技术复杂度，减弱其在全球价值链分工中的竞争优势，抑制其全球价值链分工水平。第三，行业数字化水平越高，数字贸易壁垒对全球价值链分工水平的阻碍作用越大。数字技术的不断突破和迅速发展，逐步与各行业实现了深度融合，行业数字化趋势越来越明显，但各国数字贸易仍存在诸多限制。行业数字化进程中对数字要素（特别是高技术含量的数字要素）不断上升与数字贸易壁垒之间存在结构性矛盾。数字贸易壁垒的存在阻碍了最优服务要素的进入，投入—产出的"涟漪效应"势必会增加各行业中间品及最终品的生产成本，如此一来，各国会重新考量中间品的外包决策和分工模式，部分行业中间品制造"回流"到本国国内，进而降低全球价值链分工水平。

最后，价值链长度和位置方面，从生产步长视角、跨境次数视角、平均传递步长视角和价值链位置视角对数字贸易壁垒对全球价值链分工的影响进行了价值链长度和位置层面的拓展分析。第一，数字贸易壁垒缩短了产品的生产步长，尤其是对价值链分工中的生产步长影响较大，而在复杂价值链分工中，对本国增加值出口到第三国部分的生产步长抑制作用较大。数字贸易壁垒的存在阻断了国家间的部分数字要素投入，甚至可能"截断"整个生产链条，参与生产的国家越多，数字贸易壁垒对生产步长的影响也就越大，因此数字贸易壁垒对全球价值链生产步长的阻碍较大，尤其是与返回增加值部分的生产步长相比，本国增加值出口到第三国的部分，涉及三个国家，受到的抑制作用会更大。第二，数字贸易壁垒减少了全球价值链分工中的跨境次数，尤其是对返回增加值部分跨境次数抑制作用更大。返回增加值部分的价值链分工是只涉及两国的国际生产分工，因此当双边数字贸易壁垒水平较高时，返回增加值部分的跨境次数受到的影响更大；本国增加值出口到第三国的部分则是跨境两次以上的国际生产分工，当本国存在数字贸易壁垒时，伙伴国可以选择转向其他数字贸易壁垒较小的国家，因而受数字贸易壁垒的影响较小。第三，数字贸易壁垒增加了产业间的平均传递步长。数字贸易壁垒的存在切断了行业间的数字要素投入，阻碍了产业之间的生产分工联系，拉长了产业联系的平均距离，降低了生产分工在价值链网络中的复杂程度，一定程度上阻碍了全球价值链的深度扩张。第四，数字贸易壁垒提高了全球价值链的位置。安特拉等（Antras et al., 2012）方法计算的上游度指标和下游度指标也证明了这一点，数字贸易壁垒提升了行业的上游度，降低了行业的下游度。数字要素投入多为服务投入，在生产分工中多处于下游，甚至直接被作用于最终需求，数字贸易壁垒的存在必然会抑制行业国际分工中的数字要素投入，相对提升上游中间品投入，因此行业上游度会相应上升，不利于全球价值链分工位置的攀升。

第8章 结论与政策建议

8.1 结 论

本书重点进行了数字经济、数字贸易壁垒、数字贸易规则及全球价值链分工的现状分析，构建了数字贸易壁垒与全球价值链分工的理论模型，运用计量分析验证了数字贸易壁垒对全球价值链分工的影响效应与传导机制，并从国家异质性、行业异质性、价值链长度和位置视角进行了拓展分析，得出了以下结论：

第一，数字经济方面，国家层面，发达国家在数字经济发展方面领跑发展中国家，但发展中国家发展潜力较大；行业层面，数字经济行业渗透率差异化；企业层面，美国和中国拥有着全球绝大多数的互联网巨头企业，主导着数字贸易的发展方向。数字贸易壁垒方面，WTO下的电子传输免征关税提案在实践中具有不稳定性；跨境数据流动限制、知识产权侵权、个人信息保护等非关税壁垒仍然限制着数字贸易的发展。数字贸易规则构建方面，美国作为数字贸易的大国和强国，致力于推进"数字传输永久免关税"、促进"跨境数据自由流动"和消除"互联网相关服务市场准入壁垒"、加强"知识产权保护"等议题；欧盟则旨在破除各国之间的差异性，建立欧洲单一数字市场，中国在数字贸易规则的制定上仍然较为缺乏经验，但目前已在数据保护、网络安全、知识产权保护、市场准入、内容审查等方面作出了初步尝试。全球价值链分工方面，全球价值链分工进程放缓，全球生产分工呈现出"多极化"趋势和"区域链"特征。

第二，本书以朗等（Long et al. , 2004）的研究为基础，构建了数字贸易壁垒与全球价值链分工的理论模型，分别推导了封闭经济体、商品可自由贸易情形、商品和数字服务均可自由贸易情形、存在数字贸易壁垒情形下市场均衡与国际生产分工的基本情况，得出了初步的结论：数字贸易壁垒的存在阻碍了全球价值链分工；数字贸易壁垒对发展中国家全球价值链分工的阻碍作用一般大于发达国家；制造业投入服务化水平越高，数字贸易壁垒对该行业全球价值链分工的阻碍作用越大。

第三，本书通过构建"本国—行业—伙伴国—年份"四维面板数据，建立了数字贸易壁垒与全球价值链分工的计量模型，计量分析发现，数字贸易壁垒通过减少 FDI、降低研发投入、提高贸易成本显著阻碍了全球价值链分工。首先，数字贸易的一方面加速了跨国企业的数字化和服务化转型，另一方面也促使数字技术水平、创新能力成为 FDI 的重要区位因素，因此数字贸易壁垒的存在会阻碍 FDI 流入。FDI 能通过技术溢出效应、产业规模效应和人力资本效应促进东道国的全球价值链分工，FDI 流入的减少因而会阻碍东道国的全球价值链分工；其次，数字贸易中的数据、信息流动是企业研发创新的重要推动力，而研发创新又能通过提高企业的研发创新能力和技术成果转化能力，提高企业的出口竞争力和价值链分工水平，对一国的价值链升级和经济增长有显著的促进作用。因而数字贸易壁垒会减少行业的研发投入，从而抑制全球价值链分工；最后，数字贸易壁垒本质上是一种贸易成本，是影响贸易流量的重要因素。在数字贸易壁垒的作用下，各行业贸易成本大大增加，全球价值链的生产成本也随之上升，导致全球价值链分工水平降低。

第四，基于国家异质性、行业异质性、价值链长度和位置对数字贸易壁垒和全球价值链分工的拓展分析发现，国家异质性方面，数字贸易壁垒对发展中国家全球价值链分工的阻碍作用更大，对发达国家全球价值链分工的阻碍作用较小；数字贸易壁垒对小国间价值链分工的阻碍效应最大，其次是大国对小国、大国间，最小的是小国对大国的价值链分工；数字贸易壁垒对制度距离远的国家间的价值链分工的阻碍作用更大，对制度距离近的国家间的价值链分工的阻碍作用较小。行业异质性方面，数字贸易壁垒对服务业全球价值链分工的阻碍作用最大，其次是工业，对农业全球价值链分工的阻碍作用最小；制造业投入服务化水平越高，数字贸易壁垒对全球价值链分工的阻碍作用越大；行业数字化水平越高，数字贸易壁垒对全球价值链分工水平的阻碍作用越大。价值链长度和位置方面，数字贸易壁垒缩短了产品生产的生产步长，尤其是对价值链分工中的生产步长影响较大，而在复杂价值链分工中，对本国增加值出口到第三国部分的生产步长抑制作用较大；数字贸易壁垒减少了全球价值链分工中的跨境次数，尤其是对返回增加值部分跨境次数抑制作用更大；数字贸易壁垒增加了产业间的平均传递步长，切断了行业间的数字要素投入，阻碍了产业之间的生产分工联系，拉长了产业联系的平均距离，降低了生产分工在价值链网络中的复杂程度，一定程度上阻碍了全球价值链的深度扩张；数字贸易壁垒提高了全球价值链的位置，提升了行业的上游度，降低了行业的下游度。

8.2　政 策 建 议

以物联网、云计算、大数据、5G 为代表的数字技术在全球范围内掀起了一场全球经济的"数字化革命"，数字要素与传统产业实现了跨界融合，促进了全球数字经济的飞速发展，成为推动全球经济增长的核心动力。数字贸易作为数字经济时代贸易形式的代表，已逐渐成为全球贸易的主流方式，在商业模式、贸易效率和贸易成本等方面比传统贸易形式更有竞争优势，为全球经济的复苏注入了新动力，成为当前全球经济的重点发展领域。

党的二十大报告提出，推进高水平对外开放，稳步扩大规则、规制、管理、标准等制度型开放，加快建设贸易强国，推动共建"一带一路"高质量发展，维护多元稳定的国际经济格局和经贸关系。数字贸易是中国参与和推动全球化进程的重要方式。麦肯锡全球研究院的研究报告显示，中国的电子商务市场交易总额已超过美国、英国、日本、法国、德国的总和，占全球数字贸易交易总额的 4 成以上；全球超过 10 亿美元的非上市初创公司（独角兽公司）中中国企业占比超过 1/3；中国的第三方移动支付交易总额是美国的 11 倍还要多。在以美国和欧盟为代表的发达经济体构建国际数字贸易规则和参与全球价值链深度分工的窗口期，中国如何处理好数据流动和信息安全两者的关系，提升中国在国际数字贸易规则体系中的制度性话语权，对中国迈入数字贸易大国甚至数字贸易强国之列，实现全球价值链地位的攀升具有重要意义。

8.2.1 建立健全数字贸易法律法规

"中式模板"与"美式模板""欧式模板"的对比发现，中国在数字贸易法律法规建设方面较为淡薄，立法缺乏国际视野，执法往往滞后于法律体系，不能为国际数字贸易规则谈判提供良好的法律支撑。加快数字贸易立法进程，构建合理健全的数字贸易法律体系既是本国数字贸易发展的基础，又是参与国际数字贸易规则谈判的重要保障，对深度参与全球价值链分工意义重大。因而应继续完善数字贸易相关法律法规，建立相关的安全制度和信任体系，取缔不符合发展时宜法规，加紧制订法律保护空白区域的法律法规，提高数字贸易运行的规范化和科学化水平。

首先，加快信息保护等相关法律框架的制订工作。数字经济时代，数据流、信息流对企业和国家的发展越来越重要，数字贸易中涉及最广的也是数据流动及数据存储，企业和国家受益颇多。但跨境数据流动背后带来的国家信息安全问题和个人隐私安全问题也不可忽视。近年来，在利益的驱动下，网络空间中的个人信息泄漏风险越来越大，用户信息暴露案件层出不穷。尽管中国在个人信息保护方面做了较多努力，颁布了《个人信息保护法》，但数据运营商、贸易主体等在数据处理与信息利用方面并没有基本的法律依据，信息暴露乱象频发，非法信息买卖已成为一个新兴产业。为适应数字贸易的发展要求，应加快信息保护等相关法律的制订修订工作，明确信息处理的基本原则，协调信息隐私与数据流动的关系，列出法律的适用例外，切实做到有法可依、有法必依、执法必严、违法必究。

其次，加快《征信业管理条例》《电信条例》《互联网信息服务管理办法》《电子商务法》等法律法规的修订工作。目前中国数字贸易相关法律法规大多仅停留在政府各部门部门规章层面，正式的立法、条例极少，缺乏可参考的直接针对性法律法规。因此应加快相关法律法规的修订制订工作，健全数字贸易网络安全法规条例，保障数字贸易中数据的依法跨境自由流动，构建健康的数字贸易基础法律支撑体系。具体地，继续制订完善网络安全支付管理条例、数字贸易信息保护条例、电子交易安全管理条例、公民信息保护条例、外国人在华个人信息保护条例等，完善数字贸易法律安全体系。另外，数字化与传统产业的融合，使得行业之间交叉融合现象越来越多，法律监管难度增加，因此有必要制定一部效力阶位更高，能对网络空间和传统行业都可进行监管的法律，明确规范数字贸易产业实体、贸易权利和义务及责任等，促进数字贸易市场的公平合理竞争，为数字贸易发展提供法律保障。

最后，推进数字贸易交易流程中的标准制定工作，包括产品技术服务的标准制定、数字商品服务的前端技术建设、后台技术建设等，形成一个从下单到交货整个数字贸易流程的技术标准，规范数字贸易数据、信息和产品的方方面面。另外，要重视数字贸易的边界建设工作，提高数字贸易交易的监测预警能力，预防和减少数字贸易交易过程中的税收、信息、数据、知识产权、专利等面临的风险，促进数字贸易的安全稳定发展。

8.2.2　完善数字贸易关税体系

数字贸易关税问题，首先是要确定征税对象，即数字产品的属性。数字产品的交易发生在网络空间中，既有货物的特性，又有服务的特性，因而目前对数字产品属于货物属性还是服务属性的争议较大，国际上对数字产品适用税率的标准并不统一。本书认为中国应承认数字产品的混合化属性，既不属于货物类别，也不属于服务类别，专门设立独立于两者的数字产品类别，制定单独的数字产品应收税率。一方面，可以以负面清单的形式列举出主要的数字贸易产品，确定其关税标准；另一方面，针对那些无法一一列举的数字贸易产品，可以根据数字贸易金额划分税收标准。以负面清单和贸易金额标准相结合，建立一个全面的数字贸易征税划分标准。

中国海关征税的主要法律依据是《海关法》《税收征收管理法》和《进出口关税条例》，主要规定了国内实体货物的征税法则，缺少数字产品的征税条文，与中国当前数字贸易的发展态势形成了强烈的对比。虽然商务部、财政部、海关总署等政府机构相继出台了一些涉及数字贸易产品的征税公告，但并没有从法律层面建立明确的数字产品征税法则，并未触及数字产品征税的问题根本。因此有必要加快《海关法》《税收征管法》和《进出口关税条例》的修订工作，明确规定数字产品的内涵、分类、税率、税收管理措施和逃税漏税的惩罚措施等，为数字贸易发展提供宽松稳定的法律环境，保证数字产品在海关征税中与货物和服务的平等性，以及数字贸易的健康高速发展。

税收标准方面，以美国为首的少数发达国家为促进数字贸易的自由发展提出了永久性免除关税的主张，但中国作为发展中国家，关税收入是财政收入的重要来源，数字贸易关税全免必然会带来关税收入流失问题，冲击中国现有的财政规划；若收紧数字贸易关税政策，则会直接影响中国数字贸易的发展，且不利于中国数字产业的优化升级。鉴于中国目前客观上并不能在短期内建立完善、有效的数字贸易征税体系，而且因 WTO 延期执行"数字产品关税禁令"，目前大多数国家并未对数字贸易产品征税。为了激发中国数字产业的发展活力，本书认为中国可以暂时保持短期内不对数字贸易产品征收关税的决定。从长期来看，中国应对数字产品永久免关税的主张保持谨慎态度，因为数字产业在中国发展潜力较大，未来可能会在国际数字贸易市场中占据较大份额。而且关税手段是稳定国内产业发展的重要工具，也是一国经济主权的体现，中国需要利用自身优势地位，选择合适的税收标准，为国内产业发展服务。

8.2.3 合理规划数字贸易非关税壁垒体系

跨境数据流动方面。以美国为首的发达国家要求跨境数据自由流动，反对数据本地化措施。作为发展中国家，中国对数字贸易中的跨境数据自由流动规则应有清醒的认识。放松数据本地化措施、实行跨境数据自由流动所带来的数据信息流量能促进数字贸易的发展，获得更大的市场份额，但跨境数据的完全自由化流动也会给国家安全、个人隐私带来不少风险。因此数字贸易中既不能完全阻碍跨境数据自由流动，也不能完全实行跨境数据自由流动，需要建立有效的数据监管措施。具体地，中国应实施跨境流动数据分级管理：涉及国家安全和国家命脉方面的数据，如金融、电力、石油、水利等关键行业，在进行数字贸易时，应严格审核跨境流动数据，要求建立国内数据中心，按照国务院及国家信用信息管理局的规定进行安全评估，同时对网络空间中的数据信息实施"关键词过滤"，根据内容的敏感程度进行不同程度的严格审查，不合格的则排除在数字贸易范围之内，保护国内数据安全；不涉及国家安全和经济国家命脉方面的数据，比如中小企业之间的贸易产生的跨境数据，可适当放宽跨境数据流动限制，促进中小企业积极参与到数字贸易中。

个人信息保护方面，首先应完善个人信息数据系统，根据已有数据进行个人数据整合，包括身份信息、家庭背景、资产信息、医疗状况、人际关系等，在收集个人数据信息时，应告知对方数据收集的目的、使用状况与潜在风险，确保经过个人同意，保障个人的知情权，努力做到公开透明，建立完整的个人信息数据平台。其次，政府应完善个人数据监测体制，成立数据监管部门，在使用个人数据信息时，评估整体性风险，最低程度地披露个人信息，避免丢失、误用、变更或破坏个人信息的行为，尤其是金融、安全、医疗、电信等事关国家安全和隐私方面的个人信息数据，更应进行事前风险评估。同时应严格规范网络空间中运营商的行为和责任，要求其进行事情风险筛选与实时监管，在向互联网用户进行信息收集时，务必征得用户同意，若个人信息使用过程中，发生了信息隐私泄露，运营商一方面应及时上报数据监管部门，另一方面应采取相应措施查缺补漏，降低损失。如果个人用户发现运营商在使用个人数据中存在不规范行为，有权利要求其进行更正或补救。

知识产权保护方面，应完善知识产权保护相关的法律法规，大力推进数字贸易领域知识产权保护标准制定工作。提高数字贸易中知识产权的审查效率和审查质量，加速处理确权审查和侵权处理周期，协调跨行业、跨地区的知识产权执法机制，提高执法效率，加大知识产权侵权惩治力度，为数字贸易领域中的知识产权创新提供良好的机制保障。

8.2.4　积极推动数字技术发展创新

数字技术的高附加值特性使其成为全球价值链地位攀升中的重要投入要素。新一代的数字技术为中国抢占高端产业主导权和提升全球价值链地位带来了重要机遇。但中国在资金、人才、技术等知识性生产要素方面仍然存在投入不足的问题，制约了数字贸易的发展和全球价值链升级。因而中国应继续推动数字技术发展创新，提高知识性生产要素投入，保障数字贸易的快速发展，提高中国在全球数字贸易中的市场份额，提升中国在数字技术产业标准制定中的地位和数字贸易规则制定的话语权，为全球价值链分工提供竞争优势。

政府层面，要积极落实"数字化""互联网＋"等国家战略，拉动市场需求，促进数字贸易增长。首先，加速制订有利于数字技术创新转化为成果的制度条例，鼓励创新主体们的研发活力，为数字技术创新提供良好的制度保障，大力发展云计算、物联网、5G等高端技术，推动高端存储设备、高端服务器、高端数据库的研发工作，推动数字技术相关企业的发展壮大。同时构建数字技术转化平台，推动数字技术向产业成果的转化。其次，继续推动数字技术发展所需的基础设施建设，比如加固宽带基础设施、加快宽带降费提速等，推进互联网普遍接入工作，缩小区域之间、行业之间以及城乡之间的数字鸿沟。再次，拓展数字技术产业投融资渠道。融资困难往往是制约数字贸易企业深度参与全球价值链分工的主要因素，尤其是中小企业。因此政府部门应改善数字技术行业的投融资体系，给予企业减税等政策优惠，鼓励数字技术产业内部的投资，同时放宽数字贸易产业对外资所有权的限制，扩大数字技术产业的对外开放。最后，要加大政府的科技经费投入，完善数字技术领域人才的培养模式与保障机制。人才是提高数字贸易国际竞争力的根本，国家应创新教育模式，强调数字技术在教育中的重要性，鼓励高校与企业的融合发展，为数字贸易行业的发展提供人才储备。政府应继续加大经费投入，为人才吸引和人才培养提供保障，打造一支高精尖的研究团队，使其投身于核心数字技术研究之中，鼓励核心数字技术与高附加值技术的研发工作，不断突破国内数字技术的天花板，为数字贸易发展提供源源不断的内在核心动力。

企业层面，企业应主动制定鼓励内部数字技术创新的措施。当下，物联网、5G、人工智能、区块链等新兴技术炙手可热，技术边界得到扩展，产业融合趋势明显，企业应抓住数字技术与传统产业融合的风口，鼓励企业研发团队在技术交叉领域和产业融合领域的技术创新。另外，企业应鼓励使用数字化支付手段，如手机钱包、手机银行等互联网线上支付手段，加强与第三方支付平台的合作，为数字贸易的运行提供更多便利。

8.2.5 继续促进数字技术与传统产业的融合

本书的计量结果已经证明数字贸易壁垒对服务业的影响最大，其次是工业，最后是农业，符合经济学预期，数字技术与服务业的融合程度较深，与工业、农业的融合程度较差。数字技术通过渗透、带动其他行业，能够打通上下游产业链，推动传统产业优化升级，促进数字产业与传统产业的融合，催生新兴产业与新经济形态，对中国在全球价值链中的地位攀升意义重大。为此，应积极引导和支持数字经济产业与传统产业间的产业集聚，提高产业集中程度，形成网络化、集群化的协同分工格局，降低互相模仿和学习的成本，为业务融合、技术融合与市场融合提供便利，促进数字技术产业与传统产业的融合。同时要完善数字技术产业与传统产业融合的配套设施建设，比如集中技术研发机构、金融创新机构等，将技术研发成果扩散到传统产业中，促进产业结构从劳动密集、资本密集向技术密集的转化。具体从行业来说：

农业方面，目前中国的农业生产仍然较为原始，现代化水平较低，与数字技术等结合并不紧密，亟须实现农业数字化的转型升级。首先，应加快数字技术在农业上的应用与创新，加快农业中的信息采集系统、温室智能系统、虚拟设计系统及农业信息标准体系的研究与应用，将人工智能、大数据、云计算、5G等数字技术与农业相结合，使用互联网全程监测农产品生产过程，降低农产品的生产成本，实现线上线下同时销售，提高农产品销售效率，实现农业生产销售的全面数字化与智能化。其次，要加快农业信息服务平台的建设，及时更新农业信息资讯，为农民提供准确的信息与服务，智能化指导农业生产，使农业资源得到更好的收集与利用，实现农业数字化。

工业方面，近年来，中国工业中的智能设备创新捷报频传，出现了数字化与智能化趋势，但离成为工业强国仍路途遥远，需要加快数字产业对工业的渗透和融合，实现工业的数字化与智能化发展。首先，要积极布局数字技术产业，加快数字产业园区内的人工智能、区块链、物联网等项目建设，起到示范引领作用，推进工业领域内的数字与智能创新。其次，为支撑数字产业与工业的融合，要围绕优势产业加快建设工业互联网发展平台，促使工业数据和工业信息向平台转移，引导各工业企业建设发展自己的企业云平台。最后，要加快工业领域的技术创新，加速数字技术与工业技术的融合。加快工业中的控制系统、传感器设备等的研发工作，大力发展工业智能工厂，使数字技术能更加迅速贴合地融入工业，提升工业数字化水平。

服务业方面，与其他行业相比，中国服务业的数字化水平最高，但与美国等发达国家的差距仍然较大，中国需继续重视服务业中的数字技术投入，提升服务业的高端数字化水平。加快建设服务业中的数字网络平台，提升各个环节中的智能化、数字化服务，比如加大金融服务、保险服务、物流服务、信息服务中的数字投入与智能投入，提高服务的品质与质量，创新服务业商业模式，延长服务业生产链条，进一步提升服务业的数字化和智能化水平。

8.2.6　加强国家之间的谈判与合作

当前，世界经济的"逆全球化"趋势明显，贸易保护主义、民粹主义抬头。数字贸易中所需要的跨国家、跨体制、跨文化、跨区域的合作，更是面临着多方较量与制衡。面对当今经济和贸易中的机遇和挑战，寻求国家之间的谈判与合作是唯一的出路。

首先，要加强国家之间的数字技术合作。数字技术时代，互联网技术与数字技术的应用成为国际贸易的基础。中国是数字贸易大国，但还未成为数字贸易强国，互联网技术和数字技术水平并不能在数字贸易中占据绝对优势。因此，单打独斗和各自为政是不可行的。当前中国已经跟发达国家、发展中国家展开了经济、贸易层面的合作，但多集中于资本和监管方面，针对互联网技术和数字技术方面，尤其是关键技术层面的合作仍然较少。为顺应数字贸易及世界经济的发展趋势，中国应加强与重点国家之间的数字技术合作，各取所需、优势互补，破解数字贸易中的数字技术难题，建设成为数字贸易强国。具体地，中国可以参照欧盟、美国等数字贸易强国的做法，重视数字贸易的发展，加强国家间多种形式的技术交流，加强数字技术合作水平与创新水平，提升数字贸易的核心竞争力，实现合作共赢。加强与欧盟的沟通与合作，不光要进行数据范围内的合作，更要加强数据范围之外的技术合作，比如，可以推动构建中欧数据基础设施，与欧盟国家共同商讨智慧城市的建设。虽然英国已脱欧，但是也要重视与英国的数字技术合作。

其次，要加强国家之间数字贸易发展的经验交流。全球数字贸易发展并不平衡，开展国家之间的发展经验交流是很有必要的。中国应积极参与多边经济论坛，互相学习和借鉴其他国家的数字贸易政策和经验，提升国家在数字贸易发展中的竞争力和影响力。美国作为数字贸易的新兴强国，其数字贸易条款中很多值得中国学习，中国占据后发优势和市场优势，应把握数字贸易发展的机遇，尽力处理好经济谈判与合作，实现合作共赢。中国还可以学习和借鉴欧盟在数字贸易领域中对个人信息保护的相关措施，取其精华，去其糟粕，因地制宜地应用到本国数字贸易实践中，提升中国消费者对线上交易的信心。此外，国家之间的法律交流有助于中国学习发达国家的先进经验，完善中国数字贸易方面的法律法规，规范中国数字贸易的法律操作，为中国数字贸易的发展提供法律支撑和理论支撑。

最后，中国应加强双边和区域层面的数字条款谈判。目前在国际数字贸易规则的谈判中，各国之间矛盾重重，很多议题至今未达成共识，因此双边和区域层面的数字贸易谈判成为更明智的出路。亚太国家方面，中国应以中澳 FTA 和中韩 FTA 中的数字贸易条款为基础，继续加快与亚太其他国家的数字贸易谈判进程，尤其是跨境数据自由流动、个人信息保护条款等方面。分类管控跨境数据，对国防、金融、电力等方面的跨境数据进行相应制约，对不涉及商业机密和个人隐私的跨境数据则放宽要求。引入负面清单模式来解决数字贸易中的市场准入问题，在 FTA 中逐步缩小负面清单的范围。

8.2.7　提高中国在国际数字贸易规则制定中的话语权

当前，数字贸易快速发展，但以政府采购为名义的产业保护、数字技术壁垒、知识产权侵权等现象泛滥。数字贸易规则的落后严重限制了数字技术创新，阻碍数字经济发展。国际数字贸易规则重构是数字贸易发展的内在需求，也是经济全球化发展的必然要求。

目前全新的国际数字贸易规则并未形成，但美国已经占据先机，通过双边、多边、区域谈判向全球输出数字贸易的"美式模板"，拥有了数字贸易规则制定的主导权。能否参与国际规则制定，能否在其中享有话语权，本身就是国家实力和国家竞争力的表现。中国作为数字贸易新兴大国，应积极参与到国际数字贸易规则的制定中。深度学习现有的、影响力较广的数字贸易规则条款文本，自主设计一套适合中国、符合大多数国家利益，尤其是发展中国家利益的数字贸易规则文本，选择性地引领部分数字贸易规则的制定，抢占先机，使中国在数字贸易规则制定中占据一席之地，推动全球建立平等、友好、高端、包容、普惠的国际数字贸易新规则。

第一，中国应加强整体应对和统筹谋划，战略上高度重视国际数字贸易规则的制定。数字化、智能化、网络化的数字经济已成为全球经济发展的最新驱动力，对各国的重要性不言而喻。以美国为代表的发达国家早已占据先机，开始在全球输出其利益主张，布局数字贸易规则。美国和欧盟等均成立了数字贸易的专门机构，加强数字贸易的经济效应评估和数字贸易壁垒识别，通过双边和区域层面的谈判合作，捍卫其产业利益和国家利益。随着中国数字贸易的发展，中国企业、行业等均走出国门，参与到了数字贸易市场红利的分享之中，因此国际规则至关重要。中国应放眼全球，从战略上重视国际数字贸易规则的制定，统筹网信、商务、外交、公安、工信等部门建立专门的数字贸易工作小组，评估数字贸易发展，识别数字贸易壁垒，平衡好数字贸易发展、个人信息保护、知识产权保护和经济安全的关系，强化对数字贸易壁垒、数字贸易规则动向的整体应对。

第二，着重推动多边合作中的数字贸易条款谈判。目前，从金额上看，中国是数字贸易第一大国，占据重塑国际数字贸易规则的优势地位，因此应尽量在多边数字贸易谈判中表达中国的利益主张。目前最常见的跨境数据自由流动、知识产权保护、消费者保护、数据贸易永久免关税、电子认证互认、本地化限制等方面的条款均是美国等发达国家的利益主张。中国目前的数字贸易主要以线上产品交易为主，未来应在多边谈判中推动无纸化贸易、电子认证互认等，提高数字贸易的便利化程度，完善各国法律法规在数字贸易中的对接，强调消费者保护、个人信息保护、知识产权保护等相关条款，提高线上交易中国内外消费者的信心。

第三，深入剖析数字贸易规则的争执议题，形成完整的中式数字贸易规则主张。为保护关键领域的数据安全和网络安全，近年来，中国出台了一系列法律法规，但也因此成为了美国国际贸易委员会（USITC）、美国贸易代表办公室（USTR）以及欧洲国际政治经济中心（ECIPE）贸易统计中数字贸易壁垒限制程度最高的国家之一，尤其在2018年欧盟的《数字贸易限制指数报告》统计中，中国的数字贸易限制指数最高。为兼顾数字贸易发展与数据安全保护，中国应深入剖析跨境数据自由流动、个人隐私保护、本地化要求、市场准入限制、网络内容审查等数字贸易规则争执议题，通盘分析各国利益诉求与全球经济态势，加快形成完整的中式数字贸易规则主张。

第四，准确把握各方利益关切和政策诉求，推动构建平等、普惠的国际数字贸易新规则。随着数字经济的飞速发展，数据安全与网络安全关系到各方的核心利益，各国越来越重视数字贸易的规则问题。发达国家之间、发达国家与发展中国家因产业基础不同、贸易优势不同、政策主张不同、法律基础不同，因而在数字贸易的利益关切上有着明显差异。一般来说，发达国家希望更加自由的数字贸易环境，但发展中国家则更加重视国家安全和数据保护。数据本地化要求方面，以俄罗斯、土耳其、印度尼西亚等为代表的发展中国家极力主张数据及相关设施本地化，限制关键行业、敏感领域的数据跨境流动。中国应客观剖析全球数字贸易发展态势，深入分析总结现有的数字贸易谈判协定中的条款文本，准确把握各方行业发展、谈判立场、利益关切和政策诉求，学习借鉴发达国家的先进经验，凝聚发展中国家之间的利益共识，求同存异，加强国家之间的沟通协商，加快推进中式数字贸易规则体制建设，为参与并引领国际数字贸易规则变革积累经验，扩大"中式模板"的影响力与适用性，提升中国在国际数字贸易新规则构建中的话语权，推动形成公平、包容的国际数字贸易环境，构建平等、普惠的国际数字贸易新规则。

8.3　本书的不足之处与未来展望

尽管本书验证了数字贸易壁垒对全球价值链分工的影响效应及其传导机制，并从国家异质性、行业异质性、价值链长度和位置视角进行了拓展分析，但本书的研究仍存在不足之处。

第一，数字贸易壁垒的指标度量方面，可使用的量化指标较少。目前仅有 OECD 使用频度分析法度量了数字贸易壁垒，OECD 将数字贸易壁垒分为基础设施与连接、电子交易、支付系统、知识产权和其他数字贸易壁垒五个领域，根据限制的具体政策措施进行评分，并依据这些限制在数字贸易中的相对重要性进行加权，最后加总构建了数字贸易壁垒总指标。该指标的构建存在两个问题：一是权重值的分配由相关专业的专家组决定（Geloso Grosso et al.，2015），具有主观性；二是该数字贸易壁垒指标未区分关税壁垒与非关税壁垒，给数字贸易壁垒的深入研究带来了不便。完善数字贸易壁垒的量化方法和类型分类将是未来的研究方向之一。

第二，当前全球价值链分工指标的测度仍然存在问题。库普曼等（Koopman et al.，2010）以本国间接增加值与国外增加值占中间品出口的比重构建了全球价值链分工指标体系，但其出口分解不够细化，且未分解出重复计算的部分。WWZ 法（2013）完善了分解方法，分解出了重复计算的部分，并将增加值分解细化到国家双边层面和行业层面，更加细致准确地表明了增加值的来源和流向，但 WWZ 法（2013）并没有构建具体的全球价值链分工指标。王等（Wang et al.，2017b）构建了全球价值链前向指标和后向指标，但其数据分解只是"国家—行业—年份"三维层面，没有贸易伙伴国维度。因此目前尚缺少增加值分解细化到国家双边层面和行业层面的价值链分工指标。本书虽然以库普曼等（Koopman et al.，2010）的指标度量方法和王等（Wang et al.，2013）的出口分解方法构建了"本国—伙伴国—行业—年份"四维层面的全球价值链分工指标，但缺少前向、后向的精确分解和度量，因此更加细化、精确地量化多维度层面的全球价值链分工指标将会是笔者未来的努力方向。

第三，数字贸易壁垒对全球价值链分工影响的普适性与规律性难以验证。目前，OECD 的数字贸易壁垒指标与亚洲开发银行（ADB）数据库合并之后，只有 2014～2017 年共 4 年，时间范围较短，不能做数字贸易壁垒对全球价值链分工影响的长期分析。数字贸易壁垒的存在是否会促进本国产业自主创新和技术发展？是否在长期内会促进本国数字要素出口以及全球价值链分工？这些都是目前不得而知的事情，因此数字贸易壁垒对全球价值链分工阻碍作用的规律性和普适性难以验证。随着以后数据在时间维度上可获性的完善，数字贸易壁垒对全球价值链分工的长期分析将会是笔者的研究方向。

第四，行业数字化水平难以度量。当前，各行业的数字化需求不断升高，数字化成为行业发展的主要趋势，与行业数字化趋势不相适应的是数字贸易仍存在诸多限制，如此一来，行业数字化需求和数字贸易壁垒之间存在结构性矛盾，势必会对全球价值链分工造成阻碍。数字化主要涉及的行业包括信息通信行业、互联网基础设施以及电子商务等，目前各大研究机构的行业分类标准均不够细化，不能清楚地识别出数字行业。亚洲开发银行（ADB）投入产出表共计 35 个行业分类，本书在行业异质性分析中验证这一命题时，进行了行业数字化水平的量化，但因互联网基础设施、电子商务等难以在投入产出表中界定具体行业，因此本书只选取了行业 C14（电子和光学投入）和行业 C27（邮政和电信投入）投入之和作为狭义的数字行业投入，各行业中数字行业投入占总投入的比重为行业数字化水平。尽管在之后的实证检验中，验证了"行业数字化水平越高，数字贸易壁垒越大，对全球价值链分工的阻碍越大"这一命题，但行业数字化指标并未得到精确的度量。随着未来行业分类的细化，数字行业被精确界定以后，数字贸易壁垒、行业数字化水平与全球价值链分工，这将是一个很有意义的研究领域。

参 考 文 献

[1] 安歌军、赵景峰：《产品内贸易、分工与产业结构升级关系研究》，载于《中国流通经济》2011 年第 12 期。

[2] 包群、张雅楠：《金融发展、比较优势与我国高技术产品出口》，载于《国际金融研究》2010 年第 11 期。

[3] 蔡跃洲：《科技成果转化的内涵边界与统计测度》，载于《科学学研究》2015 年第 1 期。

[4] 柴敏：《外商直接投资对中国内资企业出口绩效的影响——基于省际面板数据的实证分析》，载于《管理世界》2006 年第 7 期。

[5] 陈昊、陈小明：《文化距离对出口贸易的影响——基于修正引力模型的实证检验》，载于《中国经济问题》2011 年第 6 期。

[6] 陈靓：《数字贸易自由化的国际谈判进展及其对中国的启示》，载于《上海对外经贸大学学报》2015 年第 3 期。

[7] 代中强、梁俊伟、孙琪：《知识产权保护、经济发展与服务贸易出口技术复杂度》，载于《财贸经济》2015 年第 7 期。

[8] 戴翔、刘梦、张为付：《本土市场规模扩张如何引领价值链攀升》，载于《世界经济》2017 年第 9 期。

[9] 戴翔、郑岚：《制度质量如何影响中国提升全球价值链》，载于《国际贸易问题》2015 年第 12 期。

[10] 戴振华：《论国际数字产品贸易的关税问题》，载于《理论观察》2015 年第 8 期。

[11] 杜琼、傅晓冬：《服务贸易协定（TiSA）谈判的进展、趋势及我国的对策》，载于《中国经贸导刊》2014 年第 10 期。

[12] 方虹、彭博、冯哲、吴俊洁：《国际贸易中双边贸易成本的测度研究——基于改进的引力模型》，载于《财贸经济》2010 年第 5 期。

[13] 高传胜、刘志彪：《生产者服务与长三角制造业集聚和发展——

理论、实证与潜力分析》，载于《上海经济研究》2005 年第 8 期。

[14] 高觉民、李晓慧：《生产性服务业与制造业的互动机理：理论与实证》，载于《中国工业经济》2011 年第 6 期。

[15] 高媛、王涛：《TISA 框架下数字贸易谈判的焦点争议及发展趋向研判》，载于《国际商务（对外经济贸易大学学报）》2018 年第 1 期。

[16] 高越、高峰：《垂直专业化分工及我国的分工地位》，载于《国际贸易问题》2005 年第 3 期。

[17] 耿晔强、白力芳：《人力资本结构高级化、研发强度与制造业全球价值链升级》，载于《世界经济研究》2019 年第 8 期。

[18] 弓永钦、王健：《APEC 跨境隐私规则体系与我国的对策》，载于《国际贸易》2014 年第 3 期。

[19] 顾洁、胡安安：《数字经济时代：发展与安全再平衡》，载于《上海信息化》2017 年第 2 期。

[20] 顾磊、杨倩雯：《金融发展如何影响中国的垂直分工地位》，载于《国际贸易问题》2014 年第 3 期。

[21] 顾乃华、毕斗斗、任旺兵：《中国转型期生产性服务业发展与制造业竞争力关系研究——基于面板数据的实证分析》，载于《中国工业经济》2006 年第 9 期。

[22] 顾乃华、夏杰长：《生产性服务业崛起背景下鲍莫尔—富克斯假说的再检验——基于中国 236 个样本城市面板数据的实证分析》，载于《财贸研究》2010 年第 6 期。

[23] 何其生：《美国自由贸易协定中数字产品贸易的规制研究》，载于《河南财经政法大学学报》2012 年第 5 期。

[24] 侯亮：《国内外数字内容产业发展现状分析》，载于《软件导刊》2007 年第 11 期。

[25] 胡昭玲：《国际垂直专业化分工与贸易：研究综述》，载于《南开经济研究》2006 年第 5 期。

[26] 胡昭玲、宋佳：《基于出口价格的中国国际分工地位研究》，载于《国际贸易问题》2013 年第 3 期。

[27] 胡宗彪、王恕立：《企业异质性、贸易成本与服务业生产率》，载于《21 世纪数量经济学（第 14 卷）》，2013 年。

[28] 黄群慧、霍景东：《全球制造业服务化水平及其影响因素——

基于国际投入产出数据的实证分析》，载于《经济管理》2014 年第 1 期。

[29] 黄先海、诸竹君、宋学印：《中国中间品进口企业"低加成率之谜"》，载于《管理世界》2016 年第 7 期。

[30] 黄新飞、舒元、徐裕敏：《制度距离与跨国收入差距》，载于《经济研究》2013 年第 9 期。

[31] 黄永春、郑江淮、杨以文、祝吕静：《中国"去工业化"与美国"再工业化"冲突之谜解析——来自服务业与制造业交互外部性的分析》，载于《中国工业经济》2013 年第 3 期。

[32] 江静、刘志彪、于明超：《生产者服务业发展与制造业效率提升：基于地区和行业面板数据的经验分析》，载于《世界经济》2007 年第 8 期。

[33] 蒋为、黄玖立：《国际生产分割、要素禀赋与劳动收入份额：理论与经验研究》，载于《世界经济》2014 年第 5 期。

[34] 鞠建东、余心玎：《全球价值链上的中国角色——基于中国行业上游度和海关数据的研究》，载于《南开经济研究》2014 年第 3 期。

[35] 鞠建东、余心玎：《全球价值链研究及国际贸易格局分析》，载于《经济学报》2014 年第 2 期。

[36] 来有为、宋芳秀：《数字贸易国际规则制定：现状与建议》，载于《国际贸易》2018 年第 12 期。

[37] 蓝庆新、窦凯：《美欧日数字贸易的内涵演变、发展趋势及中国策略》，载于《国际贸易》2019 年第 6 期。

[38] 李海英：《数据本地化立法与数字贸易的国际规则》，载于《信息安全研究》2016 年第 9 期。

[39] 李佳欣：《美国"数字产品"法律制度分析——以〈美韩自由贸易协定〉为例》，载于《法制博览》2015 年第 12 期。

[40] 李坤望、王有鑫：《FDI 促进了中国出口产品质量升级吗？——基于动态面板系统 GMM 方法的研究》，载于《世界经济研究》2013 年第 5 期。

[41] 李墨丝：《超大型自由贸易协定中数字贸易规则及谈判的新趋势》，载于《上海师范大学学报（哲学社会科学版)》2017 年第 1 期。

[42] 李杨、陈寰琦、周念利：《数字贸易规则"美式模板"对中国的挑战及应对》，载于《国际贸易》2016 年第 10 期。

［43］李忠民、周维颖：《美国数字贸易发展态势及我国的对策思考》，载于《全球化》2014 年第 11 期。

［44］林僖、鲍晓华：《区域服务贸易协定如何影响服务贸易流量——基于增加值贸易的研究视角》，载于《经济研究》2018 年第 1 期。

［45］刘斌、李川川：《全球价值链上的中国：开放策略与深度融合》，中国社会科学出版社 2019 年版。

［46］刘斌、王杰、魏倩：《对外直接投资与价值链参与：分工地位与升级模式》，载于《数量经济技术经济研究》2015 年第 12 期。

［47］刘斌、王乃嘉、李川川：《贸易便利化与价值链参与——基于世界投入产出数据库的分析》，载于《财经研究》2019 年第 10 期。

［48］刘斌、王乃嘉、魏倩：《中间品关税减让与企业价值链参与》，载于《中国软科学》2015 年第 8 期。

［49］刘斌、王乃嘉：《制造业投入服务化与企业出口的二元边际——基于中国微观企业数据的经验研究》，载于《中国工业经济》2016 年第 9 期。

［50］刘斌、魏倩、吕越、祝坤福：《制造业服务化与价值链升级》，载于《经济研究》2016 年第 3 期。

［51］刘斌、赵晓斐：《"邻居"是否影响企业出口决策？：来自中国经济功能区企业的证据》，载于《世界经济研究》2019 年第 11 期。

［52］刘济群：《数字鸿沟与社会不平等的再生产——读〈渐深的鸿沟：信息社会中的不平等〉》，载于《图书馆论坛》2016 年第 1 期。

［53］刘梦坤、尹宗成：《金融创新效率的区域差异及影响因素分析》，载于《上海商学院学报》2015 年第 2 期。

［54］刘玉荣、刘芳：《制造业服务化与全球价值链提升的交互效应——基于中国制造业面板联立方程模型的实证研究》，载于《现代经济探讨》2018 年第 9 期。

［55］刘志彪：《生产者服务业及其集聚：攀升全球价值链的关键要素与实现机制》，载于《中国经济问题》2008 年第 1 期。

［56］楼继伟：《构建和谐社会：公共财政大有可为》，载于《中国财政》2016 年第 7 期。

［57］卢锋：《产品内分工》，载于《经济学（季刊）》2004 年第 4 期。

［58］吕越、陈帅、盛斌：《嵌入全球价值链会导致中国制造的

"低端锁定"吗?》,载于《管理世界》2018 年第 8 期。

[59] 吕越、吕云龙:《全球价值链嵌入会改善制造业企业的生产效率吗——基于双重稳健倾向得分加权估计》,载于《财贸经济》2016 年第 3 期。

[60] 吕越、罗伟、刘斌:《异质性企业与全球价值链嵌入:基于效率和融资的视角》,载于《世界经济》2015 年第 8 期。

[61] 罗军、陈建国:《中间产品贸易、技术进步与制造业劳动力就业》,载于《亚太经济》2014 年第 6 期。

[62] 马芳、桂畅旎:《美国智库网络空间战略新倡议评述》,载于《汕头大学学报(人文社会科学版)》2016 年第 8 期。

[63] 马盈盈、盛斌:《制造业服务化与出口技术复杂度:基于贸易增加值视角的研究》,载于《产业经济研究》2018 年第 4 期。

[64] 倪红福、龚六堂、夏杰长:《生产分割的演进路径及其影响因素——基于生产阶段数的考察》,载于《管理世界》2016 年第 4 期。

[65] 潘文卿、李子奈、刘强:《中国产业间的技术溢出效应:基于 35 个工业部门的经验研究》,载于《经济研究》2011 年第 7 期。

[66] 彭德雷:《数字贸易的"风险二重性"与规制合作》,载于《比较法研究》2019 年第 1 期。

[67] 齐俊妍、王永进、施炳展、盛丹:《金融发展与出口技术复杂度》,载于《世界经济》2011 年第 7 期。

[68] 钱学锋、梁琦:《测度中国与 G7 的双边贸易成本——一个改进引力模型方法的应用》,载于《数量经济技术经济研究》2008 年第 2 期。

[69] 丘东晓:《自由贸易协定理论与实证研究综述》,载于《经济研究》2011 年第 9 期。

[70] 邱爱莲、崔日明、徐晓龙:《生产性服务贸易对中国制造业全要素生产率提升的影响:机理及实证研究》,载于《国际贸易问题》2014 年第 6 期。

[71] 石静霞:《国际贸易投资规则的再构建及中国的因应》,载于《中国社会科学》2015 年第 9 期。

[72] 宋玉萍:《美国和欧盟的电子商务法律竞争》,载于《特区经济》2007 年第 12 期。

［73］苏杭、郑磊、牟逸飞：《要素禀赋与中国制造业产业升级——基于 WIOD 和中国工业企业数据库的分析》，载于《管理世界》2017 年第 4 期。

［74］孙宁：《跨境数字贸易海关税收征管研究》，天津财经大学硕士论文，2017 年。

［75］孙文远、魏昊：《产品内国际分工的动因与发展效应分析》，载于《管理世界》2007 年第 2 期。

［76］谭洪波：《生产者服务业与制造业的空间集聚：基于贸易成本的研究》，载于《世界经济》2015 年第 3 期。

［77］王惠敏、张黎：《电子商务国际规则新发展及中国的应对策略》，载于《国际贸易》2017 年第 4 期。

［78］王慧：《山东省参与产品内国际分工的影响因素分析》，载于《烟台大学学报（哲学社会科学版）》2011 年第 3 期。

［79］王岚、盛斌：《比较优势、规模经济和贸易成本：国际生产分割下垂直关联产业的空间分布》，载于《世界经济研究》2013 年第 4 期。

［80］王立武、杨柳：《美国自由贸易协定的电子商务条款探析》，载于《亚太经济》2013 年第 6 期。

［81］王玲、Adam Szirmai：《高技术产业技术投入和生产率增长之间关系的研究》，载于《经济学（季刊）》2008 年第 3 期。

［82］王学宾、郑晓乐：《中国数字鸿沟研究综述》，载于《情报杂志》2004 年第 12 期。

［83］王中华、代中强：《外包与生产率：基于中国工业行业物品外包与服务外包的比较分析》，载于《当代经济科学》2009 年第 4 期。

［84］韦伟：《电子商务在美国经济中的作用》，载于《美国研究》2000 年第 4 期。

［85］魏守华、姜宁、吴贵生：《内生创新努力、本土技术溢出与长三角高技术产业创新绩效》，载于《中国工业经济》2009 年第 2 期。

［86］吴伟华：《我国参与制定全球数字贸易规则的形势与对策》，载于《国际贸易》2019 年第 6 期。

［87］冼国明、孙江永：《外商直接投资的挤入、挤出效应——基于外资不同来源地和中国地区差异的视角》，载于《世界经济研究》2009 年第 8 期。

[88] 徐邦栋、高越：《分位数回归的全球价值链地位的影响因素分析》，载于《工业经济论坛》2017 年第 2 期。

[89] 徐金海、周蓉蓉：《数字贸易规则制定：发展趋势、国际经验与政策建议》，载于《国际贸易》2019 年第 6 期。

[90] 徐康宁、王剑：《要素禀赋、地理因素与新国际分工》，载于《中国社会科学》2006 年第 6 期。

[91] 薛鹏：《地理环境的经济增长效应：基于产品内国际分工视角的考察》，载于《社会科学战线》2016 年第 12 期。

[92] 杨高举、黄先海：《内部动力与后发国分工地位升级——来自中国高技术产业的证据》，载于《中国社会科学》2013 年第 2 期。

[93] 杨玲：《生产性服务进口贸易促进制造业服务化效应研究》，载于《数量经济技术经济研究》2015 年第 5 期。

[94] 杨仁发、李娜娜：《产业集聚、FDI 与制造业全球价值链地位》，载于《国际贸易问题》2018 年第 6 期。

[95] 杨珍增：《知识产权保护与跨国公司全球生产网络布局——基于垂直专业化比率的研究》，载于《世界经济文汇》2016 年第 5 期。

[96] 尹国君、刘建江：《中美服务贸易国际竞争力比较研究》，载于《国际贸易问题》2012 年第 7 期。

[97] 余长林：《知识产权保护与我国的进口贸易增长：基于扩展贸易引力模型的经验分析》，载于《管理世界》2011 年第 6 期。

[98] 余晓、郭志芳：《知识产权保护对全球价值链分工收益的影响——基于跨国行业面板数据的经验分析》，载于《中南财经政法大学学报》2017 年第 6 期。

[99] 余心玎、杨军、王茜、王直：《全球价值链背景下中间品贸易政策的选择》，载于《世界经济研究》2016 年第 12 期。

[100] 原毅军、耿殿贺、张乙明：《技术关联下生产性服务业与制造业的研发博弈》，载于《中国工业经济》2007 年第 11 期。

[101] 岳咬兴、范涛：《制度环境与中国对亚洲直接投资区位分布》，载于《财贸经济》2014 年第 6 期。

[102] 詹晓宁、欧阳永福：《数字经济下全球投资的新趋势与中国利用外资的新战略》，载于《管理世界》2018 年第 3 期。

[103] 张楚：《美国电子商务法评析》，载于《法律科学·西北政

法学院学报》2000 年第 2 期。

[104] 张二震、方勇:《要素分工与中国开放战略的选择》,载于《南开学报(哲学社会科学版)》2005 年第 6 期。

[105] 张金昌:《中国的劳动生产率:是高还是低?——兼论劳动生产率的计算方法》,载于《中国工业经济》2002 年第 4 期。

[106] 张玉、胡昭玲:《制度质量、研发创新与价值链分工地位——基于中国制造业面板数据的经验研究》,载于《经济问题探索》2016 年第 6 期。

[107] 赵萍:《跨境电商新政当何去何从》,载于《决策》2016 年第 8 期。

[108] 赵星:《数字经济发展现状与发展趋势分析》,载于《四川行政学院学报》2016 年第 4 期。

[109] 郑休休、赵忠秀:《生产性服务中间投入对制造业出口的影响——基于全球价值链视角》,载于《国际贸易问题》2018 年第 8 期。

[110] 周念利、陈寰琦、黄建伟:《全球数字贸易规制体系构建的中美博弈分析》,载于《亚太经济》2017 年第 4 期。

[111] 周念利、陈寰琦:《数字贸易规则"欧式模板"的典型特征及发展趋向》,载于《国际经贸探索》2018 年第 3 期。

[112] 左宗文:《知识产权保护视角下全球价值链分工研究》,对外经济贸易大学博士论文 2015 年。

[113] Abeliansky, A. L., Hilbert, M. Digital Technology and International Trade: Is it the Quantity of Subscriptions or the Quality of Data Speed that Matters? *Telecommunications Policy*, Vol. 41, Feb 2017, pp. 35 – 48.

[114] Ahmed, U. The Importance of Cross-border Regulatory Cooperation in an Era of Digital Trade. *World Trade Review*, Vol. 18, April 2019, pp. S99 – S120.

[115] Anderson, J. E., and E. Van Wincoop. Trade Costs. *Journal of Economic Literature*, Vol. 42, 2004, pp. 691 – 751.

[116] Antràs, P., and E. Helpman. Global Sourcing. *Journal of Political Economy*, Vol. 112, 2004, pp. 552 – 580.

[117] Antràs, P. and R. W. Staiger. Trade Agreements and the Nature of Price Determination. *American Economic Review*, Vol. 102, 2012, pp. 470 –

476.

［118］Antràs, P. , Chor, D. , Fally, T. , Hillberry, R. Measuring the Upstreamness of Production and Trade Flows. *American Economic Review*, Vol. 102, 2012, pp. 412 – 416.

［119］Antràs, P. , Chor, D. Organizing the Global Value Chain. *Econometrica*, Vol. 81, 2013, pp. 2127 – 2204.

［120］Antràs, P. , Helpman, E. Contractual Frictions and Global Sourcing. CEPR Discussion Papers, 2008.

［121］Arnold, J. , B. S. Javorcik, and A. Mattoo. Does Services Liberalization Benefit Manufacturing Firms? Evidence from the Czech Republic. *Journal of International Economics*, Vol. 85, 2011, pp. 136 – 146.

［122］Arnold, J. M. , B. Javorcik, M. Lipscomb, and A. Mattoo. Services Reform and Manufacturing Performance: Evidence from India. World Bank Policy Research Working Paper, No. 5948, 2011.

［123］Audretsch, D. B. , Feldman, M. P. R&D Spillover and the Geography of Innovation and Production. *American Economic Review*, Vol. 86, 1996, pp. 630 – 640.

［124］Azmeh, S. , Foster, C. The TPP and the Digital Trade Agenda: Digital Industrial Policy and Silicon Valley's Influence on New Trade Agreements. International Development, Working Paper Series, No. 16 – 175, 2016.

［125］Bergstrand, J. H. , Egger, P. , Larch, M. Gravity Redux: Structural Estimation of Gravity Equations with Asymmetric Bilateral Trade Costs. Unpublished Manuscript, 2007.

［126］Berkowitz, D. , Moenius, J. , Pistor, K. Trade, Law, and Product Complexity. *Review of Economics and Statistics*, Vol. 88, 2006, pp. 363 – 373.

［127］Beverelli, C. , Fiorini, M. and Hoekman, B. Services Trade Policy and Manufacturing Productivity: The Role of Institutions. *Journal of International Economics*, Vol. 104, 2017, pp. 166 – 182.

［128］Biryukovao, O. , Vorobjeva, T. The Impact of Service Liberalization on the Participation of BRICS Countries in Global Value Chains. *Inter-*

national Organizations Research Journal, Vol. 12, 2017, pp. 94 – 113.

［129］ Borchert, I. , B. Gootiiz, A. Grover, and A. Mattoo. Land-locked or Policy Locked? How Services Trade Protection Deepens Economic Isolation. World Bank Policy Research Working Paper, No. 5942, 2012.

［130］ Bridgman, Benjamin. The Rise of Vertical Specialization Trade. *Journal of International Economics*, Vol. 86, No. 1, 2012, pp. 133 – 140.

［131］ Burri, M. The International Economic Law Framework for Digital Trade. *Zeitschrift Für Schweizerisches Recht*, Vol. 135, May 2015, pp. 10 – 72.

［132］ Campbell, D. , Can the Digital Divide Be Contained? *International Labor Review*, Vol. 140, June 2001, pp. 119 – 141.

［133］ Campbell, D. , Mau, K. Trade Induced Technological Change: Did Chinese Competition Increase Innovation in Europe?. NES Working Paper Series, Working Paper, No. 252, 2019.

［134］ Chen, M. S. , L. , Zhang, H. Research on the Comprehensive Performance of Cross-border E – commerce Listed Companies in China. *International Business Research*, Feb 2018.

［135］ Cory, N. Cross-border Data Flows: Where are the Barriers, and What Do They Cost?. *Information Technology & Innovation Foundation*, May 2017, pp. 1 – 42.

［136］ Dean, J. M. , Fung, K. C. , Wang, Z. Measuring the Vertical Specialization in China Trade. *U. S. International Trade Commission Office of Economics Working Paper A*, 2008.

［137］ Debaere, P. et al. Greasing the Wheels of International Commerce: How Services Facilitate Firms' International Sourcing. *Canadian Journal of Economics*, Vol. 46, 2013, pp. 78 – 102.

［138］ De Groot, H. et al. The Institutional Determinant of Bilateral Trade Patterns. *Kyklos*, Vol. 57, 2004, pp. 103 – 123.

［139］ Dietzenbacher, E. , Luna, I. R. , Bosma, N. S. Using Average Propagation Lengths to Identify Production Chains in the Andalusian Economy. *Estudios De Economía Aplicada*, Vol. 23, 2005, pp. 405 – 422.

［140］ Dixit, A. K. , Grossman, G. M. Trade and Protection with Multistage Production. *Review of Economic Studies*, Vol. 49, 1982, pp. 583 –

594.

[141] Drucker, P. F. Entrepreneurship in Business Enterprise. *Journal of Business Policy*, Vol. 3, 1980, pp. 429 – 519.

[142] Dunning, J. H. Some Antecedents of Internalization Theory. *Journal of International Business Studies*, Vol. 34, 2003, pp. 108 – 115.

[143] Escaith, H. , Inomata, S. , Geometry of Global Value Chains in East Asia: The Role of Industrial Networks and Trade Policies. Global Value Chains in a Changing World, Edited by Deborah K. Elms and Patrick Low, Fung Global Institute, No. FGI, Nanyang Technological University, No. NTU and World Trade Organization, No. WTO, 2013.

[144] Evenett, S. J. , and W. Keller. On Theories Explaining the Success of the Gravity Equation. *Journal of Political Economy*, Vol. 110, 2002, pp. 281 – 316.

[145] Fally, T. Production Staging: Measurement and Facts, Mimeo: University of Colorado – Boulder, 2012.

[146] Feenstra, R. C. , and H. Ma. Trade Facilitation and the Extensive Margin of Exports. *The Japanese Economic Review*, Vol. 65, 2014, pp. 158 – 177.

[147] Feenstra, R. C. Integration of Trade and Disintegration of Production in the Global Economy. *The Journal of Economic Perspectives*, Vol. 12, April 1998, pp. 31 – 50.

[148] Francois, J. , and B. Hoekman. Estimates of Barriers to Trade in Services, Erasmus University, Photocopy, 1999.

[149] Fujita, M. , Thisse, J. F. Globalization and the Evolution of the Supply Chain: Who Gains and Who Loses?. *International Economic Review*, Vol. 47, 2006, pp. 811 – 836.

[150] Geloso Grosso, M. , et al. Services Trade Restrictiveness Index, No. STRI: Scoring and Weighting Methodology. OECD Trade Policy Papers, No. 177, 2015.

[151] Gereffi, G. Big Business and the State: East Asia and Latin America Compared. *Asian Perspective*, Vol. 14, No. 1, 1990, pp. 5 – 29.

[152] Gereffi, G. , Kaplinsky, R. Introduction: Globalisation, Val-

ue Chains and Development. *IDS Bulletin*, Vol. 323, 2001, pp. 1 – 8.

[153] Grossman, G. M. and E. Helpman. Outsourcing in a Global Economy. *Review of Economic Studies*, Vol. 72, 2005, pp. 135 – 159.

[154] Grossman, G. M. , and E. Rossi – Hansberg Trading Tasks: A Simple Theory of Offshoring. *American Economic Review*, Vol. 98, 2008, pp. 1978 – 1997.

[155] Grossman, G. M. , Helpman, E. Quality Ladders in the Theory of Growth. *Review of Economic Studies*, Vol. 58, 1991, pp. 43 – 61.

[156] Grossman, G. M. , Rossi – Hansberg, E. Task Trade Between Similar Countries. *Econometrica*, Vol. 80, 2012, pp. 593 – 629.

[157] Grossman, S. J. and O. D. Hart. The Costs and Benefits of Ownership: A Theory of Vertical and Lateral Integration. *Journal of Political Economy*, Vol. 94, 1986, pp. 691 – 719.

[158] Grubel, H. G. , Walker, M. A. Service Industry Growth Causes and Effects. Montreal: Fraser Institute, 1989.

[159] Hart, O. , Moore, J. Property Rights and the Nature of the Firm. *Journal of Political Economy*, Vol. 98, 1990, pp. 1119 – 1158.

[160] Helpman, E. Imperfect Competition and International Trade: Evidence from Fourteen Industrial Countries. *Journal of the Japanese and International Economies*, Vol. 1, 1987, pp. 62 – 81.

[161] Henderson, J. , P. Dicken, M. Hess, N. Coe, and H. Wai – Chung Yeung. Global Production Networks and the Analysis of Economic Development. *Review of International Political Economy*, Vol. 9, 2002, pp. 436 – 464.

[162] Hoekman, B. Assessing the General Agreement on Trade in Services. World Bank Discussion Paper, 1995.

[163] Hoekman, B. Trade in Services, Trade Agreements and Economic Development: A Survey of the Literature. CEPR Discussion Papers, No. 5760, 2006.

[164] Hummels, D. , Ishii, J and Yi, K. The Nature and Growth of Vertical Specialization in World Trade. *Journal of International Economics*, Vol. 54, Jan 2001, pp. 75 – 96.

［165］ Ishii, Jun, Kei – Mu Yi. The Growth of World Trade. Federal Reserve Bank of New York Research Paper, No. 9718, 1997.

［166］ Jack, D. S. , Meissner, C. M. , Novy, D. Trade Costs in the First Wave of Globalization. *Explorations in Economic History*, Vol. 47, 2010, pp. 127 – 141.

［167］ Janow, M. E. , Mavroidis, P. C. Digital Trade, E – commerce, the WTO and Regional Frameworks. *World Trade Review*, Vol. 18, April 2019, pp. S1 – S7.

［168］ Javorcik, B. S. Does Foreign Direct Investment Increase the Productivity of Domestic Firms? In Search of Spillovers Through Backward Linkages. *American Economic Review*, Vol. 94, 2004, pp. 605 – 627.

［169］ Jefferson, et al. R&D Performance in Chinese Industry. *Economics of Innovation and New Technology*, Vol. 15, 2006, pp. 2 – 13.

［170］ Johnson, R. C. , and Noguera, G. Accounting for Intermediates: Production Sharing and Trade in Value Added. *Journal of International Economics*, Vol. 86, 2012, pp. 224 – 236.

［171］ Jones, C. , Misallocation, Economic Growth, and Input-output Economics. NBER Working Paper, No. 16742, 2011.

［172］ Jones, R. W. , Kierzkowski, H. A Framework for Fragmentation: New Production Patterns in the World Economy, Oxford University Press, Oxford, 2001.

［173］ Jouanjean, M. A. Digital Opportunities for Trade in the Agriculture and Food Sectors. OECD Food, Agriculture and Fisheries Papers, No. 122, OECD Publishing, 2019.

［174］ Kasahara, H. , and J. Rodrigue. Does the Use of Imported Intermediates Increase Productivity? Plant-level Evidence. *Journal of Development Economics*, Vol. 87, 2008, pp. 106 – 118.

［175］ Kletzer, K. , Bardhan, P. Credit Markets and Patterns of International Trade. Department of Economics, Institute for Business and Economic Research, UC Berkeley, 1986.

［176］ Kneller, R. , and M. Pisu. Export Oriented FDI. University of Nottingham Research Paper, No. 2004/35, 2004.

［177］ Kogut, B. Designing Global Strategies: Comparative and Competitive Value-added Chains. *Sloan Management Review*, Vol. 26, April 1985, P. 15.

［178］ Koopman, R. B. , Wang, Z. and Wei, S. J. Give Credit Where Credit is Due: Tracing Value Added in Global Production Chains. NBER Working Paper, No. 16426, 2010.

［179］ Koopman, R. , Z. Wang, and S. Wei. Tracing Value-added and Double Counting in Gross Exports. *American Economic Review*, Vol. 104, No. 2, 2014, pp. 459 – 494.

［180］ Koske, I. , Bitetti, R. , Wanner, I. , Sutherland, E. The Internet Economy-regulatory Challenges and Practices. OECD Economics Department Working Papers, No. 1171, 2014.

［181］ Krugman, P. R. Does Third World Growth Hurt Fust World Prosperity? *Harvard Business Review*, Vol. 72, 1996, pp. 113 – 121.

［182］ Krugman, P. R. Geography and Trade. The MIT Press, 1991.

［183］ Langhammer, R. J. Service Trade Liberalization as A Handmaiden of Competitiveness in Manufacturing: An Industrialized or Developing Country Issue. *Kiel Working Paper*, No. 1293, 2007.

［184］ Lay, G. , G. Copani, A. Jäger, and S. Biege. The Relevance of Service in European Manufacturing. *Journal of Service Management*, Vol. 21, 2010, pp. 715 – 726.

［185］ Levchenko, A. A. Institutional Quality and International Trade. IMF Working Paper, No. 04231, 2004.

［186］ Lodefalk, M. The Role of Services for Manufacturing Firm Exports. *Review of World Economics*, Vol. 150, 2014, pp. 59 – 82.

［187］ Long, N. V. , Riezman, R. , and Soubeyran, A. Fragmentation and Services. *North American Journal of Economics and Finance*, Vol. 16, 2004, pp. 137 – 152.

［188］ Los, B. , M. P. Timmer, and G. J. de Vries. How Global are Global Value Chains? A New App. roach to Measure International Fragmentation. *Journal of Regional Science*, Vol. 55, 2015, pp. 66 – 92.

［189］ López González, J. , Jouanjean, M. Digital Trade: Developing a Framework for Analysis. OECD Trade Policy Papers, No. 205, 2017.

[190] Lucas, Jr. R. E. On the Mechanics of Economic Development. *Journal of Monetary Economics*, Vol. 22, 1988, pp. 3 – 42.

[191] Lund, S., Manyika, J. How Digital Trade is Transforming Globalisation. E15 Initiative. Geneva: International Centre for Trade and Sustainable Development, No. ICTSD and World Economic Forum, www. e15initiative. org/, 2016.

[192] Macpherson, A. Producer Service Linkages and Industrial Innovation: Results of a Twelve-year Tracking Study of New York State Manufacturers. *Growth and Change*, Vol. 1, 2008, pp. 1 – 23.

[193] McLare, J. Globalization and Vertical Structure. *American Economic Review*, Vol. 90, 2000, pp. 1239 – 1254.

[194] Melitz, M. J. The Impact of Trade on Intra-industry Reallocations and Aggregate Industry Productivity. *Econometrica*, Vol. 71, 2003, pp. 1695 – 1725.

[195] Meltzer, J. P. Governing Digital Trade. *World Trade Review*, Vol. 18, 2019, pp. 1 – 26.

[196] Meltzer, J. P. Maximizing the Opportunities of the Internet for International Trade. ICTSD and World Economic Forum, 2016.

[197] Meltzer, J. Supporting the Internet as a Platform for International Trade: Opportunities for Small and Medium – Sized Enterprises and Developing Countries. SSRN Electronic Journal, Feb 2014.

[198] Mikic, M. Multilateral Rules for Regional Trade Agreements: Past, Present and Future. Emerging Trade Issues For Policymakers of Developing Countries in Asia and the Pacific, 2008, pp. 216 – 235, United Nations ESCAP.

[199] Montgomery, K. C., Cheste, J., Grier, S. A. The New Threat of Digital Marketing. *Pediatric Clinics of North America*, Vol. 59, June 2012, pp. 659 – 675.

[200] Novy, D. International Trade without CES: Estimating Translog Gravity. *Journal of International Economics*, Vol. 89, 2013, pp. 271 – 282.

[201] Novy, D. Is the Iceberg Melting Less Quickly? International

Trade Costs after World War Ⅱ. Warwick Economic Research Paper, No. 764, 2006.

[202] Nunn, N. Relationship-specificity, Incomplete Contracts, and the Pattern of Trade. *The Quarterly Journal of Economics*, Vol. 122, 2007, pp. 569 – 600.

[203] Obstfeld, M., Rogoff, K. The Six Major Puzzles in International Macroeconomics: Is There a Common Cause?. NBER Macroeconomics Annua, Cambridge, MA: MIT Press, Vol. 15, 2000, pp. 339 – 390.

[204] Park, S. H. Intersectoral Relationships between Manufacturing and Services: New Evidence from Selected Pacific Basin Countries. *ASEAN Economic Bulletin*, Vol. 10, No. 1, 1994, pp. 245 – 263.

[205] Poncet, S. Measuring Chinese Domestic and International Integration. *China Economic Review*, Vol. 14, No. 1, 2003, pp. 1 – 21.

[206] Porter, M. E. Competitive Advantage: Creating and Sustaining Superior Performance, The Free Press: New York, 1985.

[207] Reiskin, E. D., White, A. L., Kautfman, J., Thomas, J. Servicizing the Chemical Supply Chain. *Journal of Industrial Ecology*, Vol. 3, 2000, pp. 19 – 31.

[208] Robinson, T., Clarke – Hill, C. M., Clarkson, R. Differentiation through Service: A Perspective from the Commodity Chemicals Sector. *Service Industries Journal*, Vol. 22, 2002, pp. 149 – 166.

[209] Romer, P. M. Endogenous Technological Change. *Journal of Political Economy*, Vol. 98, 1990, pp. S71 – S72.

[210] Sanyal, K. K., Jones, R. W. The Theory of Trade in Middle Products. *American Economic Review*, Vol. 72, 1982, pp. 16 – 31.

[211] Serafica, R. B., Albert, J. P. G. Issues on Digital Trade. PIDSDPS, Working Paper No. 1830, 2015.

[212] Shang, Q., Poon, J. P. H., Yue, Q. The Role of Regional Knowledge Spillovers on China's Innovation. *China Economic Review*, Vol. 23, 2012, pp. 1164 – 1175.

[213] Subirana, B. ZeroEntry Barriers in a Computationally Complex World: Transaction Streams and the Complexity of the Digital Trade of Intan-

gible Goods, IGI Publishing, 2000.

[214] Timmer, M. P. A. Erumban, and B. Los. Slicing Up Global Value Chains. *Journal of Economic Perspectives*, Vol. 28, 2014, pp. 99 – 118.

[215] Timmer, M. P. , B. Los, R. Stehrer, and G. J. De Vries. Fragmentation, Incomes and Jobs: An Analysis of European Competitiveness. *Economic Policy*, Vol. 28, 2013, pp. 613 – 661.

[216] Venables, A. J. , Baldwin, R. Relocating the Value Chain: Off-shoring and Agglomeration in the Global Economy. *Economics Series Working Papers from University of Oxford, Department of Economics*, No. 544, 2013.

[217] Wang, Z. , S. J. Wei, X. Yu, and K. Zhu. Characterizing Global Value Chains: Production Length and Upstreamness. NBER Working Paper No. 23261, 2017a.

[218] Wang, Z. , S. J. Wei, X. Yu, and K. Zhu. Measures of Participation in Global Value Chains and Global Business Cycles. NBER Working Paper No. 23222, 2017b.

[219] Wang, Z. , Wei, S. J. . and Zhu K. Quantifying International Production Sharing at the Bilateral and Sector Levels. NBER Working Paper, No. 19677, 2013.

[220] Weber, R. H. Digital Trade and E – commerce: Challenges and Opp. ortunities of the Asia – Pacific Regionalism. Social Science Electronic Publishing, Vol. 10, 2015, pp. 321 – 347.

[221] Weber, R. H. Internet of Things: Privacy Issues Revisited. *Computer Law & Security Review*, Vol. 31, May 2015, pp. 618 – 627.

[222] Wei, S. J. Intra – National Versus International Trade: How Stubborn Are Nations in Global Integration. NBER Working Paper, No. 5531, 1996.

[223] Wei, S. J. , Shleifer, R. A. Local Corruption and Global Capital Flows. *Brookings Papers on Economic Activity*, 2000, pp. 303 – 346.

[224] White, A. L. , Stoughton, M. , Feng, L. Servicizing: The Quiet Transition to Extended Product Responsibility, Boston: Tellus Institute, 1999.

[225] Wllhelm, K. Aspects of International Fragmentation Economics. Working Papers: Department of Economics, 2002.

[226] Wooldridge, J. M. Inverse Probability Weighted M – estimators for Sample Selection, Attrition and Stratification. *Portuguese Economic Journal*, Vol. 1, 2002, pp. 117 – 139.

[227] Woori, L. Services Liberalization and GVC Participation: New Evidence for Heterogeneous Effects by Income level and Provisions. CTEI Working Paper, 2017.

[228] Wu, M. China's Export Restrictions and the Limits of WTO Law. *World Trade Review*, Vol. 16, October 2017, pp. 673 – 691.

[229] Yi, Keimu. Can Vertical Specialization Explain the Growth of World Trade?. *Journal of Political Economy*, Vol. 111, No. 1, 2003, pp. 52 – 102.

[230] Zhang, Y. , Zhang, G. , Liu, Y. , Hu, D. Research on Services Encapsulation and Virtualization Access Model of Machine for Cloud Manufacturing. *Journal of Intelligent Manufacturing*, Vol. 28, 2017, pp. 1109 – 1123.

附录 A

存在数字贸易壁垒情形的相关推导

首先，解方程组，求解 τ_1、τ_1'、τ_2、τ_2'：

$$\tau_1 = \frac{\omega^* - \omega}{bP_{SW} - b_1^* P_{SW}} \tag{A1}$$

$$\tau_1' = \frac{\omega^* - \omega}{bP_{SW} - b_1^* P_S'} \tag{A2}$$

$$\tau_2 = \frac{\omega^* - \omega}{bP_{SW} - b_2^* P_{SW}} \tag{A3}$$

$$\tau_2' = \frac{\omega^* - \omega}{bP_{SW} - b_2^* P_S'} \tag{A4}$$

由：

$$\frac{1}{\tau_1'} - \frac{1}{\tau_1} = \frac{b_1^* P_{SW} - b_1^* P_S'}{\omega^* - \omega} \tag{A5}$$

$$\frac{1}{\tau_2'} - \frac{1}{\tau_2} = \frac{b_2^* P_{SW} - b_2^* P_S'}{\omega^* - \omega} \tag{A6}$$

$$\frac{\dfrac{1}{\tau_1'} - \dfrac{1}{\tau_1}}{\dfrac{1}{\tau_2'} - \dfrac{1}{\tau_2}} = \frac{\tau_1 - \tau_1'}{\tau_2 - \tau_2'} \times \frac{\tau_2 \tau_2'}{\tau_1 \tau_1'} = \frac{b_1^*}{b_2^*} \tag{A7}$$

得：

$$\frac{\tau_1 - \tau_1'}{\tau_2 - \tau_2'} = \frac{b_1^*}{b_2^*} \times \frac{\tau_1 \tau_1'}{\tau_2 \tau_2'} = \frac{b_1^* (b - b_2^*)(bP_{SW} - b_2^* P_S')}{b_2^* (b - b_1^*)(bP_{SW} - b_1^* P_S')} \tag{A8}$$

令 $P_S' = MP_{SW}$，因 $P_S' > P_{SW}$，所以 $M > 1$，代入式（A5）约分，分子减分母得：

$$(b_1^* - b_2^*)(b^2 - b_1^* b_2^* M) \tag{A9}$$

因为 $b_2^* > b_1^* > b$，所以，上式大于 0，即：

$$\frac{\tau_1 - \tau_1'}{\tau_2 - \tau_2'} > 1 \qquad (A10)$$

因此，$(\tau_1 - \tau_1') > (\tau_2 - \tau_2')$ 成立。

附录 B

全球价值链前向分解与后向分解

王等（Wang et al.，2017b）基于前向和后向两个视角对增加值进行了分解，从而构建了全球价值链分工的指标。前向分解表示 GDP 中流入全球价值链分工中的增加值占比，后向分解表示在最终品产出中，来自全球价值链分工中的增加值占比。与王等（Wang et al.，2013）相比，王等（Wang et al.，2017b）的价值链分工指标更加强调的是产出分解，而不仅仅是贸易分解。

在价值链的前向分解中，"国家—行业—年份"层面的增加值可以做如图 B1 所示的分解。

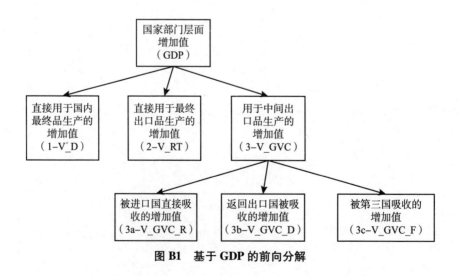

图 B1　基于 GDP 的前向分解

第一部分是直接用于国内最终品生产的增加值，这部分增加值只满足国内最终需求，不参与跨境生产分工。第二部分是直接用于最终出口品生产的增加值，这部分增加值涉及传统最终品贸易，跨境只是为了满足国外最终消费需求，而非全球生产分工。第三部分是用于中间出口品的增加值，直接涉及跨境生产分工，是前向价值链参与指标的分子部分，这部分增加值又可以细分为三部分：（3a）被进口国直接吸收的增加值，进口国进口中间品生产最终品，满足国内消费，这部分构成简单价值链参与，因为只有一次跨境生产；（3b）返回出口国被吸收的增加值，中间品出口中的国内增加值，在进口国经过加工生产，最终返回出口国；（3c）被第三国吸收的增加值，出口国出口中间品到进口国，进口国经过加工生产，出口到第三国，满足第三国的消费需求。（3b）和（3c）都至少经过两次跨境，称为复杂价值链参与。因此，基于 GDP 的前向分解中，全球价值链参与指标是用于中间出口品生产的增加值份额。

在价值链的后向分解中，"国家—行业"层面的增加值也可以分为三大部分，如图 B2 所示。

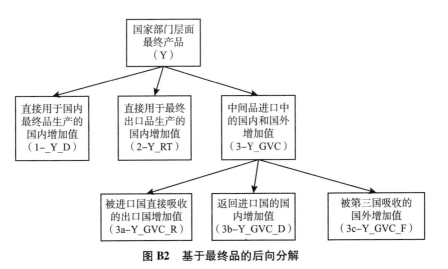

图 B2　基于最终品的后向分解

第一部分是直接用于国内最终品生产的国内增加值，这部分增加值参与最终品生产，满足国内需求。第二部分是直接用于最终出口品生产的国内增加值，这部分增加值涉及传统最终品贸易，参与最终出口品生产，满足国外需求。第三部分是中间品进口中的国内和国外增加值，直接涉及跨境生产分工，是后向全球价值链参与指标的分子部分，这部分增加值又可以细分为三部分：（3a）被进口国直接吸收的出口国增加值，进口国进口中间品用于国内最终品生产，满足国内需求，这部分构成简单价值链参与，因为只有一次跨境生产；（3b）返回进口国的国内增加值，进口国进口中间品，进行最终品生产，满足国内需求或出口需求；（3c）被第三国吸收的国外增加值，进口国进口中间品，生产最终出口品，满足第三国的需求。（3b）和（3c）都至少经过两次跨境，称为复杂价值链参与。因此，基于最终品的后向分解中，全球价值链参与指标是用于中间品进口中的国内和国外增加值份额。